Die Günter-Hetzer-Kolumnen

Ballgefühl und Rassehasen

Die Günter-Hetzer-Kolumnen

Philipp Köster

Tropen Verlag / 11FREUNDE

DIE CLIQUE

GÜNTER HETZER

Der Chef, unbestritten. Hat schweren Schlag bei Rassehasen und Top-Bunnys all over the world. Ist mit Franz auf Du und Du und half auch schon mal Pelé bei Erektionsproblemen. Hat in allen Szeneläden vom »Alcazar« bis zum »Pascha« einen Deckel. Ehrensache!

DELLE

Co-Pilot und alter Freund. Suchte mit Onkel Günter schon Daum in Florida, ist Vorsitzender der Stiftung Hasentest, machte den Kaiser auf der legendären Bayern-Weihnachtsfeier mit seiner neuen Perle bekannt und … nun ja, lässt auch sonst nichts anbrennen. Hehe.

TROLLINGER

Der Seniorchef. Sorgt dafür, dass die Clique auch zukünftig zu den Partys der Adlertruppe eingeladen wird. Ansonsten sagt der Kollege nicht allzu konsequent nein zu Muntermachern aller Art. Anschließend dann ein Nickerchen im Kofferraum. Prösterchen.

WALDI

Hat immer zehn Flaschen Kristall in der Box. »Für Notfälle«, schmunzelt das agile Urviech. Größte Leistung überhaupt: Holte Phlegma-Weltmeister Rudi Rallala auf Island richtig aus der Reserve. Rudi am Keifen, und die Clique bückte sich ab. Kristall für alle.

1

Wie ich ein Haarband aus dem Nachlass von Sepp Herberger zugeschanzt bekam
und warum Delle meine grausame Rache fürchten muss

TÖPPI UND DIE MOTOWN-KRAUSE

Viele Männer im fortgeschrittenen Alter haben Probleme mit Spliss, Schuppen und Haarausfall. Ich nicht, Gott sei Dank! Nach wie vor glänzt und duftet meine Mähne wie Kornblumen im Frühlingswind. Und das, obwohl ich fast überhaupt nichts für die Haarpflege ausgebe. Tägliche Wäsche, zwei Spülungen, viermal die Woche eine Kurpackung und alle zwei Stunden sprühe ich Feuchtigkeitslotion – nicht zu viel Aufwand für die perfekte Frisur, denke ich. Natürlich registriere ich die neidischen Blicke der Kollegen. Delle beispielsweise, mit seiner schütteren Ochsenmoppe. Wird ja immer weniger bei ihm, und langsam sieht man es auch, obwohl er sich ständig den Scheitel nach vorne kämmt. Und dreist ist der, das glauben Sie nicht! 1998 waren wir gemeinsam bei der Weltmeisterschaft in Paris. Da gehe ich morgens in die Dusche, wer steht unter der Brause und benutzt heimlich mein Schuppenshampoo? Der Gerhard! Und meine Badelatschen hatte er auch noch an! Aber, liebe Leser, Rache ist süß. Abends, bei Brasilien gegen Holland, hat sich der Warmduscher zwei eiskalte Konter von mir gefangen. Sagt er 4-4-2, sag ich rotierende Außenstürmer. Sagt er Ronaldo, sag ich Kluivert! Sagt er Verlängerung, sag ich Elferschießen! Alle Punkte an mich. War klar. Oder nehmen Sie den Töpperwien vom ZDF. Der hat ja wirklich alles versucht, um seine Motown-Krause loszuwerden. Zuletzt hat er mit Kräutern aus Peru herumexperimentiert. Werde ich nie vergessen, wie ich mit Bernd Heller und Harry Valérien bei ihm geklingelt habe. Plötzlich machte der Töppi auf, mit einem Handtuchturm um die Birne gewickelt, und in der ganzen Bude roch es höchst merkwürdig. Da hat der gute Rolf wohl zunächst versucht, sich mit den Kräutern eine gepflegte Tüte zu drehen, und als der Höhenflug ausblieb, hat er sich das Zeug in die Haare geschmiert. Da hat der Valérien nur die Nase gerümpft und gesagt: »Du müsstest mal lüften!« Köstlich, der Harry! Lüften! Hätte von mir sein können! Und neulich in Nürnberg kam Töpperwien sogar mit mühsam glatt gefönter Matte an. Plötzlich kam Wind auf und schon war wieder Don King am Start. Das gab ein Gelächter! Meine Frisur saß hingegen perfekt. Wieder mal! Strike! Sie fragen nach meinem Erfolgsrezept? Nun, weil ich ja nicht so bin und mich ohnehin nicht lange bitten lassen, liebe Leser, verrate ich Ihnen das kleine Geheimnis, das eigentlich nur unter Ehrenspielführern der Nationalmannschaft weitergegeben wird. Ich trage nachts ein Haarband. Nicht irgendeins, Gott bewahre! Ein Haarband aus den Stutzen der Weltmeistermannschaft von 1954 hält im Bett meine Prachtmähne in Form. Hat mir neulich ein Spielervermittler besorgt, aus dem Nachlass von Herberger. Sieht zugegebenermaßen ein bisschen merkwürdig aus, aber dafür ist es mit Echtheitszertifikat, unterschrieben von Ottmar Walter, Jupp Posipal und Wolfgang Weber! Hat nicht jeder, glauben Sie mir! Aber wo ich es gerade lese, Wolfgang Weber? Der war doch 1954 noch gar nicht dabei. Das weiß ich authentisch. Und wenn ich genau hinschaue, steht da gar nicht »Posipal«. Zum Henker, das ist doch die Klaue von Delle! Würde ich unter tausend Handschriften wieder erkennen, schließlich hat er in Frankreich immer die Spesenrechnungen geschönt. Jetzt begreife ich: Das Schuppenshampoo! Die späte Rache für Paris! Ein teuflischer Komplott. Aber soviel ist sicher: Das lasse ich nicht auf mir sitzen. Bete, Delle, bete!

2

Wie Ribbeck vorne den Schneepflug machte und bei Rainer der Holzschuh drückte

GRÜNER WIRD'S NICHT

Auf meine letzte Kolumne hin habe ich viele nette Zuschriften erhalten, vor allem von Leserinnen, mit wertvollen Ratschlägen zur Haarpflege. Darüber habe ich mich sehr gefreut, insbesondere über den Hinweis von Frau Pinkat aus Dortmund-Derne. Der Sauerampfer wirkt Wunder und sorgt für zusätzlichen Glanz. Neulich habe ich übrigens zusammen mit dem anderen, dem Delle, den Grimme-Preis bekommen. Da habe ich mich sehr gefreut, weil ich die Märchen der beiden immer sehr gemocht habe. Vor allem die Geschichte von Rapunzel, wegen der langen Haare, die ich ja nun auch mein Eigen nenne. Delle mag Rumpelstilzchen. Hier Zusammenhänge herzustellen, überlasse ich Ihnen, liebe Leser. Apropos Delle, vor kurzem war ja auch Europameisterschaft, und ich wieder ganz vorne dabei. Sie werden mich sicher im Fernsehen gesehen haben. Kleine Anekdote für Sie: Am Abend nach dem vergeigten Spiel gegen Portugal haben Delle und ich noch im Mannschaftsquartier vorbeigeschaut und mit der Truppe mal ein bisschen Gas gegeben. Schließlich waren wir optimal vorbereitet. Delle hatte eine Spritzblume am Revers, ich hatte die gute alte Zaubertinte, ein Furzkissen und den lachenden Aschenbecher im Gepäck. Und wir hatten vorher schon mächtig an der Leine gezogen, also vor allem ich. Delle immer nur Chianti, aber ich zwei Wodka Feige, fünf Bacardi und vier Korn Cola. Das war auch nötig, denn als wir ankamen, war die Stimmung noch wie in Leverkusen, letzter Spieltag. Trübe Tassen, wohin man blickte. Nur Ribbeck und Bierhoff tanzten eng, während Scholl, Jancker und Nowotny an der Bar ihre Mobiltelefone programmierten. Aber ein Wink an die Bigband genügte, und schon spielte die Kapelle den Evergreen »Die Wanne ist voll« von Helga Feddersen und Didi Hallervorden. Delle und ich natürlich sofort auf die Tanzfläche und im Bocksritt abgefetzt. Was für ein Spaß! Dann Ententanz und endlich kamen auch Didi Hamann und Horst Hrubesch in Schwung. Disco-Fox vom Feinsten und Horst hat geführt. Schließlich eine Polonaise durchs ganze Haus. Ribbeck machte vorne den Schneepflug durchs ängstliche Personal, und ich immer von hinten: »Grüner wird's nicht!« Wir spontan auch bei Trollinger ins Zimmer rein. Da war schon Licht aus und Matratzenhorchdienst angesagt, aber uns egal. Mit Gebrüll über Tische und Bänke, und der Kollege völlig verwirrt, mit Schlafmaske und im Nachthemd. Erich süffisant: »Na, schon auf der Suche nach dem neuen Trainer?« Dann war aber schon wieder Schluss, die meisten Spieler verzogen sich auf die Terrasse und zündeten sich dort den Tannenbaum an. Delle und ich beschlossen die Fliege zu machen, schließlich hatten Waldi und Dieter Kürten angekündigt, im »Mejklockje« noch an den Start zu gehen. Wir also raus aus dem Hotel, da sah ich plötzlich den Kicker-Chefredakteur. Saß als Ginster getarnt in der Hecke und fotografierte wie wild. Ich schnell geschaltet: »Rainer, wo drückt denn der Holzschuh?« Spitzenwitz, finde ich, weil der ja Rainer Holzschuh heißt. Bei Waldi war es dann nicht mehr so der Bringer. Dieter Kürten hing die ganze Zeit missmutig am Büfett ab. Klarer Fall, Silberlocke war stinkig, weil er die ZDF-interne Tipprunde gegen Arie Haan verloren hatte. Knapp, aber doch. »Satz mit X, lieber Dieter«, sagte ich zu ihm und blickte in den Spiegel neben der Tanzfläche. Meine Haare lagen perfekt. Ich nippte zufrieden am Bacardi und dachte: »So lässt es sich aushalten.«

3

Wie wir den Grimme-Preis nachfeierten und warum ich bald den Scheinwerfer drehe

ADEL VERPFLICHTET

Neulich bin ich in einer Talkshow gefragt worden, was ich denn noch für Ziele im Leben habe. Schließlich hätte ich doch schon alles erreicht, als Spieler wie als Kommentator. Das stimmt natürlich. Deutscher Meister, Pokalsieger, Europameister, Grimme-Preis, Frisur des Jahres 1987 und als Titelverteidiger im Jahr drauf immerhin Dritter vor Roy Black. Eine einzigartige Bilanz, zweifelsohne. Prima von mir, dass ich trotzdem nie vergessen habe, woher ich komme, nämlich aus besseren, wenn nicht sogar besten Verhältnissen. Adel verpflichtet, Sie kennen diesen klugen Sinnspruch, und deshalb habe ich ein Auge darauf, meinen gesellschaftlichen Verpflichtungen stets in Gänze nachzukommen. Neulich etwa habe ich mit Pomp, Büfett und Trompeten den Grimme-Preis nachgefeiert. Was für ein Fest im Adlon mit Prominenz und Stadtadel. Nun gut, es gab auch Enttäuschungen, der Gerhard lag natürlich schon nach drei Tequila mit der Rübe vorneweg im Würstchentopf. Und auch die Information, der Staatspräsident von Malta habe sich zur Feier angesagt, entpuppte sich als Falschmeldung, das waren nur die Krankenpfleger vom Malteser Hilfsdienst, die einen betrunkenen Gast ins Krankenhaus gebracht haben. Aber immerhin bekam meine Party in der Bunten hinterher drei Sektkelche, die zeitgleiche Ballnacht zu Rummenigges 40. Geburtstag nur einen lumpigen

Humpen. Der Karl-Heinz hat getobt, wurde mir berichtet. Hihi. Aber ich nehme das nicht zu wichtig. Hihi. Wichtiger war da für mich schon die Aufnahme in den Kolumnistenkreis vom Kicker. Als mich der Chefredakteur anrief, fühlte ich mich natürlich zunächst sehr geschmeichelt und habe mich anschließend an meinen Mahagoni-Schreibtisch gesetzt, um einige Dankesworte an den Chefredakteur zu verfassen. Übrigens mit meinem neuen Füllfederhalter von Montblanc, ein wertvolles Einzelstück mit Platinfeder. Habe ich in Zürich geschenkt bekommen. Dempsey wollte ihn nicht, und Franz hat ihn dann mir zugesteckt. Eine kleine Gefälligkeit unter Unteroffizieren. Hat der Franz gesagt, und wir haben beide recht herzlich gelacht. Nun, ich sagte schon, ich fühlte mich sehr geschmeichelt. Der Kicker ist schließlich ein renommiertes Blatt und die Aufnahme in den Kreis eine Art Ritterschlag. Dann aber hat mir Rudi Völler gesteckt, dass Andi Brehme auch schreibt. Andi Brehme. Der Andi Brehme. Die ganze Freude zum Teufel. Lässt sich wahrscheinlich die Sätze von seiner Reinemachfrau in den Block diktieren. Subjekt, Prädikat, Objekt. Alles ein großes Rätsel für den Andi. Ich deshalb sauer zu meiner Frau: »Warum nicht gleich Willi Landgraf?« Anschließend erstmal schnell ins Badezimmer. Meine Haare sahen fürchterlich aus. Durchkämmen und eine Packung auflegen. Einwirken lassen. Ausbürsten. Dann ist meine Frau ins Bad gekommen. »Reg dich nicht auf, Dickerchen!«, hat sie gesagt. Und Dickerchen hatte sich auch schon wieder beruhigt. Denn die Kontakte zum Kicker sind ungemein wichtig. Perspektivisch, meine ich. Irgendwann gibt Karl-Heinz Heimann den Scheinwerfer ab und dann wird manchem Herren mit tausend Watt heimgeleuchtet. Ein paar Kandidaten habe ich schon auf meiner Liste. Rudi Brückner vom DSF beispielsweise, der sich seit Jahren weigert, mich zur Talkrunde am Sonntag einzuladen. Stattdessen Lattek, die alte Pfirsichnase, der immer noch denkt, es wird mit Mittelläufer gespielt. Oder den Christoph, weil er mir die Idee mit dem blauen Anzug geklaut hat. Und natürlich Delle, der mich aus dem Sidney-Team rausgeboxt hat und selbst gefahren ist. Liebe Freunde, verlasst euch drauf, ich werde den Scheinwerfer drehen.

4

Wie wir es in der Daum-Villa mit Korn und Fernet krachen ließen
und ich ganz nebenbei die Sache mit dem Haartest klarmachte

FREUNDSCHAFTSDIENST, KLARO

Es war am Abend des 6. Oktober. Gerade hatte ich mich mit einer Gurkenmaske auf die Couch gelegt und dämmerte beim Tagesthemen-Kommentar weg. Meine Frau war derweil in der Küche mit ihren Handarbeiten beschäftigt und bereitete eine Haarspülung für mich vor. Plötzlich klingelte es an der Tür. Ich öffnete, nachdem ich zuvor fix die Gurkenscheiben auf der Armlehne gehäufelt hatte. Draußen standen Christoph, Rainer und Rudi mit gelockerten Krawatten und allesamt breit wie Trollinger. »Kleine Spritztour, Günter?«, fragte Rudi grinsend und ließ den Zündschlüssel seines Bugatti um den Mittelfinger kreisen. Ich ließ mich nicht lang bitten, wir fuhren in die Daum-Villa nach Wesseling und machten es uns dort bei Korn und Fernet bequem. Christoph knallte zwischendurch fix mit dem Benz nach Pulheim und besorgte erstklassigen Stoff. Kein Babypuder, sondern feiner Schnee, so weiß wie die Weste von Uli Hoeneß. Fünfzig Gramm in jedem Socken und dann Gasfuß. »Da schaut nie einer rein«, sagte Christoph immer grinsend, »schon der Geruch macht die Köter irre.« Früher hatte Christoph immer bei Tränhardt gekauft. Aber das war vorbei, seit Träne ihm bei der Euro eine Tüte Colorwaschmittel als kolumbianische Sonderlieferung vertickt hatte. Diese Krämerseele. Kalle wäre an den Megaperls beinahe krepiert. Klarer Fall, dass ihm daraufhin ein paar Kollegen aus München die Möbel zurechtgerückt haben. Als Christoph aus Pulheim zurückkam, rollten er und Rainer fix die Scheine und puderten sich die Nase. Rainer schnaufte wie ein schwangeres Nilpferd. »Einatmen, nicht ausatmen«, flachste Rudi, und wir mussten alle sehr lachen. Dann war ich an der Reihe. Christoph hielt mir auffordernd den Schein unter die Nase und baute mit geübten Griffen und Rudis Amex-Karte eine breite Linie quer über den Couchtisch. Derweil hatte die Camm ein Musical aufgelegt, und zum Gesang von Angelika Milster rüsselte ich mir die Straße zwischen die Schläfen. »Allemal besser als die ollen Haschkekse von Delle«, dachte ich und rieb mir den Pulverrest gierig hinter die Schneidezähne. Es dauerte einige Sekunden, dann trieb mir der Stoff die Suppe aus den Beinen. »Eine kleine Reise«, hatte mir Rudi versprochen, stairway to heaven. Mehrere Stunden spielte ich Luftgitarre mit meiner Lieblingsrockband, bis mich Christoph ein wenig rüde aus dem Livekonzert von Led Zeppelin in die Wirklichkeit zurückholte. »Günter, ich muss morgen zur Haarprobe nach Köln«, sagte er und grinste verlegen. »Weil er ein absolut reines Gewissen hat!«, ergänzte Rainer glucksend. »Donnerwetter«, sagte ich, mehr fiel mir nicht ein. »Ich wusste, du verstehst mich«, sagte Christoph und umarmte mich lange. Ich roch sein billiges Aftershave und hatte plötzlich fürchterlichen Durst. Aber warum fummelte Christoph bloß mit einer Haushaltsschere an meinem Hinterkopf herum? Ich versuchte mich aus seiner Umklammerung zu lösen, doch Rudi hielt grinsend meine Arme auf den Rücken gedreht. »Mach jetzt keinen Ärger«, ließ sich Rainer erzürnt vernehmen. »Deine Frisur sah ohnehin selten behämmert aus.« Plötzlich schreckte ich hoch. Noch immer lag ich auf der Couch im Wohnzimmer, die Beine auf einem Hocker und Gurken im Gesicht. Ich musste wohl eingedöst sein. In der Küche hantierte meine Frau mit dem Geschirr. »Hast du was gesagt, Dickerchen?«, fragte sie. »Nein, nichts«, antwortete ich und legte mich wieder hin. Ich schloss die Augen, versuchte die Bilder zu behalten. Wie ein Schleier sank es fort von mir, löste sich auf, verschwand. Was mir blieb, war der Geruch von billigem Aftershave.

5

Wie Delle und ich mal eben nach Florida rübermachten und Christoph ganz dicht auf den Fersen waren

CLEVER & SMART

Es war schon spät in der Nacht, gegen drei Uhr morgens, als in unserem schmucken Einfamilienhaus in der Voreifel markerschütternd laut das Telefon klingelte. Ich sprang aus den Laken, stolperte in völliger Dunkelheit durch unser Schlafzimmer, knallte gegen die Stehlampe und riss im Fallen das Aquarium in die Tiefe. Alle Zierfische dahin und immer noch keine Spur vom Telefon. »Nimm doch endlich die Schlafmaske ab, Günter«, stöhnte Ilse genervt. Ein guter Tipp. Es wurde auch gleich viel heller. Wenn ich meine Frau nicht hätte. Ich meldete mich, am Apparat war Jürgen Emig, unser Sportchef. Seine Stimme klang aufgeregt. »Daum kommt aus Florida zurück. Übermorgen. Ich will, dass ihr rüberfliegt und vorher mit ihm sprecht. Und zwar exklusiv, Günter.« Ich stutzte und fragte nach: »Wer denn bitte noch?« Emig zögerte, dann: »Der Delling soll auch mit, Befehl von ganz oben!« Delle? Mit mir nicht, Freunde! Ich legte wortlos auf. In diesen Dingen war ich verdammt konsequent. Vier Stunden später saßen Delle und ich im Flieger. Destination Miami, Florida. Sechs Stunden Zeitverschiebung, kein Problem für Vielflieger Hetzer. Gegen Vorlage meiner Miles&More-Karte brachte mir ein hübscher Lufthansa-Käfer zwei Weiße Russen. Ich knallte das Zeug weg und beruhigte Delle, der käseweiß neben mir saß und Stoßgebete zum Himmel schickte. »Gerhard, alter Agnostiker«, frotzelte ich, »auf die alten Tage noch zum Kirchgänger werden?« Er blickte kurz auf und erbrach sich kommentarlos. Dann Miami, 28 Grad, windig, doch meine Frisur saß perfekt. Noch am Gepäckband begannen wir unsere knallharte Recherche. Ein unauffälliges Loch in die Kicker-Beilage gebohrt und dezent die Lounge observiert. Nicht allzu viel los, bis plötzlich Babs Becker mit ihren Gören im Schweinsgalopp vorbeirauschte. Was die wohl hier wollte? Wir machten es uns in der Senator-Lounge bequem. Luxus pur und keine Touristen. Irgendwann musste Christoph ja am Airport auftauchen, um die Tickets abzuholen. Und, liebe Leser, wer lümmelte sich neben uns am Tresen und baggerte die Barfrau an? Vim Vomland, die legendäre Spaßtrompete von der Bild, Ali Draxlers Kettenhund. Auch auf Daum-Suche, klarer Fall, aber Delle und ich erstmal abgelacht für vier. Weil Vim noch nie was gerissen hat und trotzdem immer die große Welle macht. Anyway, die Observation hatte Kraft gekostet, und wir gönnten uns eine kleine Pause. Gerhard und ich schmissen die Spesen zusammen und machten gegenüber bei Mike's Racing einen verchromten Chevy klar. 180 Spitze, kühle Ledersitze und ordentlich Tierchen unter der Haube. Wohlgemerkt, 180 Meilen, ihr Checker, nicht Stundenkilos. Entspannt heizten Delle und ich den Ocean Drive hinunter. Gerhard auf der langen Bank, ganz funky, offenes Hemd, Sonnenbrille im letzten Knopf. Ich natürlich Chefdriver, die Gichthaken aus dem Fenster und mit den Knien gelenkt. Aber wieder keine Spur von Christoph. Nicht auf dem Ocean

Drive, nicht auf der Sixth Street, nicht einmal in der Alton Road, wo es damals Versace geschrägt hatte. Danach noch kurz zum Tabledance mit zwei exquisiten Geräten an der Tanzstange. Pam und Laura aus Wisconsin. Fix versenkten wir ein paar grüne Muntermacher im Bikini, Informationshonorar, geht klar. Zwei Stunden später fanden wir uns wieder am Flughafen ein. Vim hatte sich Vomland gemacht, und wir lümmelten uns wieder in die Sitze. Auf den Fernsehern flimmerte ein deutscher Kanal. Phoenix. Live-Übertragung aus dem Kölner Hyatt-Hotel wurde angekündigt. Was für ein Käse. Wir lehnten uns zurück und schalteten gähnend um auf CBS.

6

Wie Delle beim Ländermatch gegen Frankreich drei Flaschen feinsten Pastis klarfuhr und wir überhaupt prächtig in Form waren

1:0 FÜR UNS

Natürlich war Heri schneller gewesen. »Erster Vornesitzer«, hatte er gerufen, während ich noch damit beschäftigt gewesen war, mein Lunchpaket von Ilse unauffällig zu verstauen. Nun lümmelte ich mich also mit Delle auf der Rückbank, während sich Waldi vergeblich bemühte, im Pariser Feierabendverkehr die Abzweigung nach St. Denis zu finden. Zu viert waren wir morgens in Köln losgeflogen, beim Start hatte Delle mal wieder Memme statt Mann gespielt und sich an mich geklammert. Wir waren auf dem Weg zum Stadion, Deutschland gegen Frankreich. Heri würde kommentieren, Delle und ich anschließend routiniert den nächsten Grimme-Preis einheimsen.Waldi fluchte. Viermal waren wir jetzt schon am Triumphbogen vorbeigefahren. »Was wird das hier? Eine Stadtrundfahrt?«, frotzelte Delle, und alle außer Waldi lachten. Eine Stunde später kamen wir am Stade de France an. Während Heri zur Mikrofonprobe abmarschierte, checkten wir das Catering im Presseraum. Und wieder einmal funktionierte die Arbeitsteilung perfekt. Ich lenkte die Kellnerin in bestem Schulfranzösisch ab: »Luc a un magnetophone.« Mir war klar, der Käfer hinter der Theke hielt mich für einen betuchten Geschäftsmann aus Marseille. Ich fuhr mir wie unabsichtlich durch die Haare. Währenddessen robbte Delle zum Eisschrank und fuhr drei Flaschen feinsten Pastis klar. Das teuflische Zeug machte krumme Beine, das merkten wir sofort, als wir das erste Fläschchen auf der Toilette leerten. Delle trank in hastigen Zügen, ich nippte nur zögerlich. Plötzlich kam Heri zur Tür hereingestolpert. »Bert, Alter, was geht?«, pflaumte ihn Gerhard von der Seite an. Doch Heri war nicht zum Scherzen aufgelegt. »In der Kabine neben mir sitzen die Franzosen«, schnaubte er grimmig. »Dauernd klopfen sie an die Scheibe und schneiden Grimassen.« Das wollten wir sehen. Zu viert zwängten wir uns in die Sprecherkabine und blickten hinüber. Da saß der Erbfeind und trank Rotwein. Die wollten uns verhöhnen, klarer Fall. Waldi zeigte den Franzmännern den Effenberg. Dann ging das Spiel los, und wir schlugen die Zeit damit tot, Heri mit unseren Feuerzeugen die Nackenhaare anzusengen. Schließlich traf Zidane. Die französischen Kollegen jubelten und tranken Rotwein. Wieder diese Demütigung. Der WDR hatte nur Wasser gestellt. Nach dem Spiel marschierten wir zurück in die Presselounge. Plötzlich zischte Delle: »Schaut mal rüber, da sitzt die ganze französische Bagage.« In der Tat, da saßen sie. Wilfried gab das Zeichen, über die Tische und auf die Froschfresser war dann eine Sache von Sekunden. Delle war vorneweg gesprungen und erwischte einen von den Jacques mit einer rechten Geraden. Ich sprang hinterher und gab einem anderen der Franzmänner die Waagerechte. Treffer versenkt. Dann blickte ich mich um. Wilfried hatte sich auf dem Rücken der langhaarigen Tucke festgekrallt, die ihm schon im Presseraum mehrfach unverschämt zugeplinkert hatte. »Jetzt gibt es Saures,

Chirac!«, schrie Wilfried und vergab ordentlich Backenfutter. Doch dann sah ich genauer hin: Alle Wetter, das war ja Michael Steinbrecher vom ZDF. Wir traten den geordneten Rückzug an und zogen Steinbrecher hinter uns her. Den hatte es wirklich böse erwischt. Am nächsten Morgen landete unser Flieger in Köln. Eine Stunde später war ich daheim und Ilse erwartete mich schon im Hausflur. »Na, das war ja eine schöne Pleite gegen die Franzosen«, sagte sie. Wieso, dachte ich, wir haben doch gewonnen. Meine Wange schmerzte immer noch.

7

Wie ich mit Trollinger nach Hamburg fuhr, obwohl die Bayern ganz sicher nicht Meister werden würden

DIE FAHNE VON SCHALKE 04

Eigentlich wollte ich gar nicht nach Hamburg. Mein Schädel drohte zu platzen, denn natürlich war es gestern Abend wieder einmal spät geworden. Zu sechst hatten wir in Beckmanns 40. Geburtstag hineingefeiert. Reinhold hatte Schnittchen und saure Nierchen gemacht und alles lecker mit Dill und Schnittlauch dekoriert. Und dann wurde beschert: Waldi, Heri, Delle, Wonti und ich hatten vorher die Mütze herumgehen lassen und ließen um zwölf eine halbnackte Tante aus der Torte springen. Ein heißer Feger kam im Schlusssprung rausgehüpft, und Reinhold hat sich tierisch gefreut, obwohl seine Frau nebenan saß und ständig durch den Türspalt linste. Irgendwann war die Alte beim Horchen ausgerutscht und mit Schmackes gegen die Tür geknallt. Riesenbeule und die Kollegin am Flennen. Da war natürlich Alarm im Hause Beckmann und wir verzogen uns lachend ins »Ecstasy«, wo wir mit ein paar hübschen Puppen aus Vegesack die Sonderspiele hochdrückten. Wonti holte gleich mal vier Sonnen und 52 Sonderspiele aus dem Merkur. Das gab achtzig Schienen Reingewinn für Jörgi, während wir uns um die Damen aus Vegesack kümmerten. Und siehe da, da gingen auch die Sonnen auf. Sechs Uhr war's, als ich breit wie zehn russische Matronen ins Bett fiel und kuscheln wollte, aber Ilse wand sich angewidert ab. Muss mal mit ihr reden, so geht es ja nicht weiter. Ich arbeite hart, und sie? Um sieben klingelte das Telefon. Trollinger am anderen Ende. »Verwählt!«, raunzte ich in die Muschel, dann erst erkannte ich seine Stimme. »Trollinger, du bist es!«, sagte ich gähnend und rieb mir die Augen. »Was gibt's denn?« Er saß im Auto und hatte glänzende Laune. »Lust auf einen Ritt nach Hamburg? Muss da die Meisterschale übergeben!« Ich stöhnte auf. Bloß nicht nach Hamburg, im Volkspark zog es wie Hechtsuppe und hinterher würde Ilka Seeler wieder ihren selbst gemachten Pflaumenkuchen herumreichen. Höchststrafe, Freunde, reines Hartgummi. »Können wir nicht nach Schalke fahren?«, wagte ich einzuwenden: »Die können doch auch noch …« Trollinger lachte kurz und hässlich. »Keine Zeit für dumme Scherze, Günter. Fährst du nun mit?« Ich dachte an Ilse. Kurze Zeit später waren wir schon auf der Autobahn und gaben Pferdestärken in Richtung Hamburg. Während ich die Argumente von Karl-Heinz Heimann für meine Sportbild-Kolumne auswendig lernte, übte Trollinger seine Rede für die Meisterschaftsfeier. Feierliche Miene: »Lieber Franz, lieber Ottmar …« Dann beugte er sich in voller Fahrt herunter zum Handschuhfach. Das Gewühle dauerte endlos und wir wechselten mehrfach die Spur, bis er endlich die Doppel-CD »Die größten Bayern-Hits« in den Player wandern ließ. »Interpretiert von Karl-Heinz Wildmoser«, sagte Trollinger und grinste mich kumpelhaft an. Im Kofferraum klapperte die Meisterschale. An der Stadioneinfahrt begrüßten uns Karl-Heinz Rummenigge und seine Frau. Trollinger umarmte beide lange, ich bekam nur kurz die Hand gereicht. Rotbäckchen hat mir nie verziehen, dass ich ihm den ARD-Posten weggeschnappt habe. Jetzt ist die olle Möhre der Grüßaugust bei Bayern, während ich an den ganz großen Rädern im Business drehe. Oben in der Lounge wartete schon Beckenbauer auf uns, ungeduldig hin und her trippelnd. Auch hier wieder eine lange Umarmung mit Trollinger. »Ihr schafft das heute«, rief er. »Ich glaube an euch!« Beckenbauer konterte launig: »Musst du mal … na ja … und hast kein Papier?« Trollinger und Franz riefen laut: »Dann nimmst du die Fahne von Schalke 04.« Alles lachte, und um die Ecke kam Ilka Seeler mit einem Tablett frischem Pflaumenkuchen.

8

Wie wir vor Ort schon die Lage für die WM 2002 checkten
und ein kleines bisschen in Schwierigkeiten gerieten

»AH, LITTI-SAN«

Wir brachen durch die Wolkendecke, unter uns blinkte die Millionenstadt Tokio. Heute Morgen um fünf waren wir losgeflogen, zu viert und in öffentlich-rechtlicher Mission. Klare Ansage von Heri: Lage checken für die Weltmeisterschaft 2002. Ich blickte mich um. Der Platz links neben mir war leer, Delle hatte schon nach fünf Minuten kräftig in die Tüte gehustet und ließ sich jetzt vorne in der Ambulanz von einer aparten Stewardess beatmen. Nicht ungeschickt von ihm, dachte ich neidisch. »Delling, dieser Teufelskerl«, das kam von rechts, wo sich der Kollege Emig kräftig die Lampen anzündete. Drei Flaschen Sake hatte Onkel Jürgen schon vernichtet und korkte gerade mit glasigem Blick an der vierten herum. Waldi hingegen knallte sich das warme Dosenbier aus dem Duty in die Röhre. Wir landeten. Bloß schnell ins Hotel, untenrum frisch machen und dann auf die Piste. Sumo, Weiber, Tabledance. »Yes Sir, I can boogie!«, summte ich leise. Ein Tophit aus den Siebzigern, wie ich. Doch zwei Vögel vom Zoll fummelten noch immer an unseren Taschen herum. Delles Koffer wurde geöffnet, wir grinsten. War mal wieder typisch für ihn, fünf Paar Slipper, aber keine anständige Unterbuchse im Koffer. »Zieh ich mir am Automaten«, hatte er gesagt. Emig hatte deshalb extra seinen Fotoapparat mitgenommen, Delle im G-String, das wollte keiner verpassen. Doch plötzlich Unruhe. Der eine Nipponese hatte was gefunden. Triumphierend hielt er ein Tütchen hoch. Das waren doch meine Mitbringsel von der Euro. 30 Gramm abgehangener Libanese. Ideal für ein Feierabend-Pfeifchen. Hatte ich ganz vergessen. »Only Eigenbedarf«, versuchte ich zu erklären. Doch Diskussionen zwecklos. Zu viert landeten wir im Flughafenknast, eingebuchtet mit dreißig anderen Häftlingen. Finstere Gestalten, wahrscheinlich alles Mörder und Geiselgangster. Mich schauderte. Nach fünf Minuten war Delle bereits eifrig im zelleninternen Schwarzhandel aktiv, unsere Rückreisetickets wechselten gegen drei Zigaretten den Besitzer. Während Emig und Waldi apathisch auf ihren Pritschen hockten, war ich die Ruhe selbst. Immer wieder staunte ich über meine angeborene Kaltblütigkeit, selbst in scheinbar aussichtslosen Situationen einen kühlen Kopf zu bewahren. Aber wenn wir hier nie mehr rauskommen? Elendig verrecken in diesem dreckigen Loch? Ich dachte an Ilse und an den köstlichen Schmorbraten, den sie mir für Sonntag versprochen hatte. Verdammt, verdammt, wir mussten hier raus. Rausrausrausraus. Lasst mich rau-haus. Ich weinte. Schweine seid ihr. Ich rüttelte an den Gitterstäben und trat mit voller Wucht gegen die Wand. Herrje, das tat weh. Meine Zellenkumpane lachten. Aber dann schlenderten zwei Wachmänner heran. Der kleinere formte seine Hände zu einem Ball. Na endlich, die Woks hatten mich erkannt, das wurde aber auch Zeit. Der größere Wachmann musterte mich lange, dann hellte sich sein Gesicht auf. »Ah, Litti-san!« Ich schnaubte, der Wok wollte mich wohl provozieren. Jetzt ganz ruhig, Günter. »No Litti, but Gün-ter Hetz-er«, buchstabierte ich. »I'm the hero of Cup-Final in 1973, you know.« Der Wachmann nickte abermals freudig: »Litti-san. Litti-san!« Ich gab's auf. Zum Glück konnte ich japanisch. »Yamaha«, antwortete ich. »Ja, das bin ich.« Die Tür öffnete sich. Wir waren frei. Schnell packten wir unsere Sachen und verschwanden. Nur Delle war sauer, ein Mithäftling hatte gerade begonnen, ihm einen Adler auf den Rücken zu tätowieren. »Das steht für Fruchtbarkeit, Günter«, erklärte er später. Ich nickte. Litti hätte das sicher auch gewusst.

9

Wie Stumpen-Rudi die Schlacke-Arena feierlich eröffnete
und der Zombie von Pur ordentlich kassierte

IM ABENTEUERLAND

Ich zog die Krawatte enger und blickte auf die Uhr. Verdammte Hacke, ich war schon wieder zu spät dran. Eröffnung der Schalke-Arena mit den Stargästen Günter Hetzer und Sepp Blatter und ich immer noch in Unterhose. Im Schlusssprung sauste ich runter ins Parterre, wo Ilse noch immer an meiner Anzughose herumbügelte. »Mach 'ne Falte rein und dann ist gut!«, drängelte ich. Ilse kam natürlich nicht mit, war wieder mal bei Beckmanns zum Käsefondue eingeladen. »Komm doch mit, Günter!«, hatte Ilse gesagt und wohl nicht ernsthaft eine Antwort erwartet. So weit kommt's noch. Samstagabend, Delle tanzt mit den Puppen den Limbo im Alcazar und ich drehe mit Reinhold und Elfriede Töpperwien Stäbchen in der Käsesuppe. Unten hupte das Taxi. Ein Knutscher für Ilse und einen großen Blauen für den Kutscher, um die Pferdchen mal ein bisschen auf Trab zu bringen. Und siehe da, schon eine Stunde später parkten wir an der Arena, direkt unter dem Schild »Feuerwehreinfahrt«, wo Delle mich erwartete. »Offizieller Teil ist schon vorbei.« Bingo! »Gleich ist Sektempfang in der Loge.« Wir stiefelten hoch, doch welche Enttäuschung. Der Raum halbleer, nur Trollinger jagte ein kicherndes Starlet quer durchs Zimmer. »Trübe Party, mein lieber Rudi«, sagte ich nüchtern zu Assauer, der mich begrüßte, und Delle frotzelte: »Wo hast du denn Lionel Ritchie aufgegabelt? Auf dem

Zentralfriedhof?« Doch Assauer lächelte nur geheimnisvoll und bedeutete uns, ihm in die Schalke-Kapelle zu folgen. Ein Druck aufs Heiligenbildchen, plötzlich begann sich der Altar zu drehen und gab einen Geheimgang frei. »Leck mich fett«, staunte Waldi, und wir folgten Rudi in die Katakomben. Hinter der großen Schwingtür steppte der Bär. Unter großen Kronleuchtern tanzte die Meute Charleston und spielte Roulette. Aber vor allem: »Hier gibt es Bier mit Spaß«, verkündete Assauer stolz, »keine Plörre wie oben.« Und, Herr im Himmel, schon wieder stiefelte so ein langbeiniger Rassehase an uns vorbei. »Hast du 'ne Züchtung hier?«, fragte Waldi, der Kenner. Ich warf gleich mal den Anker mit meinem Lieblingsspruch: »Hat's sehr wehgetan, als du vom Himmel gefallen bist?« Der kam immer an. Außer heute. Plötzlich kam mir Delle entgegen und kreuzte Daumen und Zeigefinger, unser ganz privates Geheimzeichen für höchste Gefahr. Und da sah ich sie auch. Verdammt, hinten an der Theke stand Ilse, meine Ilse. Warum war die nicht bei Beckmanns und futterte Käse? »Wer hat denn die reingelassen«, zischte ich Assauer wütend zu. Rudi zuckte mit den Schultern: »Töpperwiens hatten eine Karte übrig!« Ich warf einen Blick rüber. Donnerschlag, wer fummelte Ilse denn da am Dekolleté herum? Das war doch Hartmut Engler, der Zombie von Pur. Und Ilse lachte auch noch. Höchste Eisenbahn, was zu unternehmen. Ich sprintete rüber und zerrte Engler nach draußen auf den Vorhof. Der Komiker schaute zunächst verdutzt und zog dann seine Jacke aus. Mein lieber Scholli, hatte wohl in den letzten Jahren ordentlich Liegestütze gemacht. Aber wer bremst, verliert. Ich trat ihm mit der Stiefelspitze und Schmackes in die Kronjuwelen. Treffer versenkt, Engler machte vorschriftsgemäß das Klappmesser und legte sich aufs Parkett. Delle gab ihm mit einem Barhocker den Rest: »Ein Fall für die Ortskrankenkasse«, kommentierte er und half mir auf. Plötzlich stand auch Ilse neben mir: »Günter, was machst du da?« Ich legte meinen Arm um sie. »Komm mit mir ins Abenteuerland!« Bingo, das Eis war gebrochen. »Du sagst immer so komische Sachen, Günter!«, lachte Ilse und zog mich ins Auto.

10

Wie uns Nachtwächter Skibbe auf dem Flur erwischte und Wörns und Ziege im Pyjama Klammerblues tanzten

»BIST DU FIT, SCHNEIDER?«

Wir hatten den Flughafen verlassen und fuhren mit drei Reisebussen Richtung Kiew-Innenstadt. Ich blickte zufrieden in die Runde. Da hatten wir sie wieder zusammen, die Länderspiel-Guerilla: Waldi, Delle, Trollinger, meine Wenigkeit. Ich tastete meine Tasche ab. Vorhin im Flugzeug war Didi Hamann auf mich zugekommen und hatte mir unauffällig ein Walkie-Talkie in die Hand gedrückt. »Für nachher«, hatte er verschwörerisch gegrinst. Wir checkten im »Intercontinental« ein, und während Delle anfing, seine Unterhosen neu zu falten, meldete sich auch Waldi: »Treffen im Bayern-Zimmer, 3. Stock«, knarzte es aus dem Funkgerät. Es konnte also losgehen. Wir machten uns noch schnell frisch, kippten zwei Kolben aus der Minibar und fuhren in die dritte Etage. Auf dem Flur kam uns Skibbe mit einer Stabtaschenlampe entgegen. »Na, meine Herren, so spät noch unterwegs?« Delle stammelte was von frischer Nachtluft, schon waren wir an Pony Hütchen vorbei und die Nacht lag vor uns. Im Bayern-Zimmer ging tatsächlich schon die Möhre ab. Olli Kahn drehte versonnen eine Riesentüte, Jancker und Waldi zockten um große Scheine, aus den Reiseboxen dröhnte »Vamos a la Playa« und Wörns und Ziege tanzten dazu in Pyjamas. Trollinger lag oben auf dem Etagenbett und ließ sich den Eierlikör von Janckers Mutter schmecken. Wir gesellten uns zu Olli und saugten heftigst die Glut aus dem Papier. Das Zeug ging sofort mächtig in die Beine. »Feinstes Kraut«, ließ sich Delle herab. »Hab ich vom Länderspiel in Ungarn mitgebracht«, prahlte Olli. Ich schwieg voller Neid. In Budapest mussten die Jungs richtig an den Start gegangen sein. Happy Hour, jede Menge willige Pusztaperlen und dann ab dafür. Wörns und Ziege knutschten inzwischen. »Mit Zunge«, staunte Waldi. Plötzlich kam Meldung von der Schmiere: »Skibbe ist unterwegs!« Jetzt ging es um Sekunden. In Windeseile schoben wir die Flaschen unters Bett und hüpften unter die Decken. Drüben türmten sich Hamann, Olli und Delle, ich lag eingekeilt zwischen Jancker und Trollinger. Trollinger schnaufte wie eine Dampflokomotive. Es stank nach Eierlikör. »Keinen Mucks jetzt, Gerhard«, zischte Jancker. Verdammt, das Licht war noch an. Wörns sprang schnell noch mal auf und drehte den Schalter. Jetzt war es dunkel wie im Bärenhintern. Trollinger rülpste leise. Auf einmal stand Skibbe in der Tür und ließ den Kegel seiner Taschenlampe durchs Zimmer schweifen. Wir hielten den Atem an, aber plötzlich ließ Jancker einen fahren. Du lieber Himmel, auch das noch, ich japste panisch nach Luft und saugte die halbe Bettdecke ein. Dann war Skibbe wieder weg, und Jancker hob entschuldigend die Achseln: »Die Kohlsuppe!« Hinter uns war Trollinger eingepennt. »Warmes Wasser her«, grölte Waldi, und Ziege schleppte prompt einen Bottich mit lauwarmer Plörre an den Bettrand. Patschehändchen rein, immer wieder köstlich. Wir lachten uns scheckig. Wörns schoss noch schnell ein paar Erinnerungsfotos, dann machten Delle und ich uns auf den Weg zur Hausbar. Unterwegs kamen uns Schneider und Didi Hamann entgegen. Die Jungs hatten aber mächtig schweres Gerät dabei. »Leute, wo wollt ihr denn mit den Schaufeln hin?«, fragte Delle neugierig. »Glückspfennig ausbuddeln!«, antwortete Didi grinsend. Das konnten wir uns nicht entgehen lassen. Zu sechst quetschten wir uns in ein Taxi und kommandierten den Fahrer: »Einmal Stadionowsky!« Herrlicher Scherz, wir bogen uns vor Lachen. Am Horizont sahen wir die Flutlichtmasten auftauchen. Eine lange Nacht stand uns bevor. Und morgen das Todesspiel gegen die Ukraine. »Bist du fit, Schneider?«, fragt ich. Schneider grinste breit: »Aber klar doch!«

11

Wie auf der Bayern-Weihnachtsfeier mal wieder nackt gerodelt wurde
und das Team »Bayern 1« nicht zu schlagen war

GROSSES GLÜCK GEHABT

Du hast Ei auf der Krawatte!« Verdammt, der Tag fing beschissen an. Ich blickte genervt auf den Binder runter, als mich Delles Pranke kantig unter der Nase traf. Schon wieder reingefallen, der uralte Trick. Delle grinste breit, der Bastard hatte aber auch allen Grund dazu. Gestern Abend hatte er doch noch die blonde Puppe aus dem »Sartory« gebügelt. Wir hatten alle dagegen gewettet, ich sogar drei große Blaue, aber der Teufelskerl hat die Alte backbord im Hotel geentert. »Erzähl es uns ruhig, wieviel hat die Tante gekriegt?«, frotzelte Waldi, der gerade mit seinem Gepäck aus dem Duty kam. Delle grinste nur. »Hast du das Präsent für Uli besorgt?«, fragte ich. »Klar«, antwortete Waldi und zog eine Flasche Doppelkorn aus der Einkaufstüte. »Wie jedes Jahr!« Wir gaben uns die hohe Fünf und checkten ein. Uli Hoeneß wurde 50, und wenn die Party nur halb so gut wie die letzte Feier bei Rummelfliege daheim werden würde, dann stand uns ein feiner Abend bevor. »Die renovieren heute noch«, gluckste Delle. Trollinger hatte damals seine Flasche in den Pool fallen lassen und war vollstramm im Anzug hinterher getaucht, und Waldi hatte mit Plunzi von der Bild und Frau Rummenigge eine Nacktpolonaise durchs Schlafzimmer angezettelt. Wir ließen uns in die Sitze fallen. Ich bestellte bei der Stewardess drei Pils und natürlich nur zweimal die Coupé, denn klaro, Waldi war Abonnent. Aber

Spaßverderber Delle zog sich natürlich sofort die Schlafmaske über und knackte weg, während Waldi und ich uns die ersten Kolben wegdrückten. Sechs Pilsetten später beschlossen wir, uns einen grandiosen Scherz zu erlauben. Auf drei sprangen wir beide hoch, ich krakeelte mit überschlagender Stimme »Al Qaida, Al Qaida«, während Waldi theatralisch die Arme hob und rief: »Die Schuhe, o Gott, er hat eine Bombe.« Dann stürzten wir uns auf den schlafenden Delle. Waldi zerrte an den Slippern, ich hielt die Arme fest. Die anderen Passagiere liefen herbei und gemeinsam hielten wir den wild zappelnden Delle im Griff. Mit Gürteln wurde er geknebelt am Sitz fixiert, während Waldi mit Lesebrille Delles Deichmann-Mauken untersuchte. Nach eingehender Betrachtung der Gummisohlen verkündete Waldi melodramatisch: »Plastiksprengstoff. Wir haben alle großes Glück gehabt.« Dann landeten wir in München. Vier Stunden später wurde Delle von der Flughafenwache entlassen. Komischerweise war er stinkig. »Euretwegen darf ich mich jetzt alle zwei Tage bei meiner Polizeidienststelle melden.« Waldi und ich gaben uns wieder grinsend die hohe Fünf. Nun wurde es aber auch Zeit. Wir holten Trollinger in der Flughafenkneipe ab und trugen ihn zum Mietwagen. Mit Schmackes knallten wir hoch ins Allgäu. 240 Stundenkilos fuhr die Möhre in der Spitze, das konnte sich sehen lassen. Nach knapp einer Stunde waren wir angekommen. Wir parkten, hoben Trolle aus dem Kofferraum und sahen die Bescherung: Er hatte unser Geschenk für Uli geköpft, die

Flasche Doppelkorn war nur noch halbvoll. »Das haben wir gleich«, grinste Waldi und verschwand mit dem Präsent. Eine Minute später war er zurück, die Flasche war wieder voll. »Jetzt ist es Apfelkorn«, grinste er und zog seinen Gürtel zurecht. Wir betraten den Keller des Hoeneß-Anwesens. Verdammt, wir schienen schon einiges verpasst zu haben. Felix Magath und Friedhelm Funkel tanzten Klammerblues, während sich Rummelfliege eine Hausmachersalami in die Hose gesteckt hatte und mit falschem Riesengemächt Limbo tanzte. »Limbo zu ›Sunday, Bloody Sunday‹, das bringt auch nur Karl-Heinz«, kommentierte Waldi verächtlich. Delle machte an der Theke die Drinks klar, während draußen gelärmt wurde. Ich trat vor die Tür. »Was ist hier denn los?« Niersbach grinste: »Nacktrodeln.« Und tatsächlich warf sich gerade der Schlitten Bayern 1 mit Uli Hoeneß und Fritz Scherer auf die Bretter, die Gegner im ersten Lauf: Dortmund 2 mit Niebaum und Manager Meier. »Noch nicht mal Unterhosen«, staunte Waldi. Unter großem Gejohle ging es den Hang hinab, Sieg für Bayern 1. Langsam wurde mir kalt. Drinnen stand ein hübscher Käfer an der Theke. Ich zog den Scheitel gerade und dann ran an den Speck. Plötzlich: »Günter, deine Schuhe sind dreckig.« Wie peinlich, ich blickte hinunter. Delle traf mich am Riechkolben, verdammt, wieder reingefallen. Als ich hochblickte, saß er neben der Tante am Tresen. Ich rief Waldi. Er sollte noch mal Delles Schuhe untersuchen, die erschienen mir irgendwie verdächtig.

12

Wie Effenberg mal wieder zum Tätowierer ging

und wir den armen Fackeln von der Bild den Glückspfennig abluchsten

VOMLAND UND DER PECHPENNY

Wir ließen das Karnevalswochenende gemütlich bei Beckmanns daheim ausklingen. Um elf hatten sich Waldi, Heri, Wonti und ich eingefunden, und Beckmann öffnete grinsend seinen Kühlschrank. Bis oben voll mit lecker Sachen: Kölsch, Korn und Kabänes-Schnäpschen. »Frühschoppen«, sagte Becki und grinste. »Pri-pra-Prösterchen«, kam es von Heri. Er fing schon wieder an zu nerven. Ein Geröchel drang aus dem Nebenzimmer. »Wer schnarcht da?«, fragte Waldi. Reinhold zuckte nur genervt mit den Achseln, denn Delle lag noch im Öl. Hatte sich gestern schon um elf mit einem Funkenmariechen dünne gemacht und war erst morgens um sieben zurückgekommen. Ohne seine Hose. Die hatte er irgendwo verloren, mitsamt dem Wohnungsschlüssel natürlich. »Das ganze Haus hat er zusammengebrüllt. Und als wir ihn die Treppe hochschleppten, hat er sich der ollen Kawelka aus dem Zweiten in schamverletzender Weise gezeigt.« Wir lachten herzlich und ließen die Kölschstangen kreisen. Auf den Doppelkorn verzichteten wir bei der ersten Runde, es war schließlich Aschermittwoch. Fastenzeit, meine Lieben. Um eins hatten wir prächtig vorgeglüht und Waldi war bereits auf dem Tisch weggeknackt. Der partyfähige Rest schnürte die Stiefel und wir knallten mit Heri am Steuer rüber nach Sülz ins Traditionslokal. Da war natürlich schon der Bär am Steppen und unter großem Hallo machten wir Plätze an der Theke klar. Eine Mittvierzigerin warf sich mir an den Hals und gurrte: »Na, Günter, heute allein hier?« Ich zögerte nicht lange und gab Zunge. Erst dann schaute ich genauer hin. »Tach, Frau Effenberg, was machst du denn hier? Ist dein Alter wieder beim Tätowierer?« Heri lachte: »Wahrscheinlich lässt er sich wieder ein Pokemon stechen!« Wir ließen die Strohwitwe stehen und kloppten zwei alten Bekannten auf die Schulter. Denn wer saß zu Recherchezwecken an der Theke und futterte Wirsing? Walter Straten und Vomland, die Pfennigfuchser von der Bild. »Na, habt ihr euren Glückspfennig schon verbuddelt?«, pflaumte Reinhold. »Sonst sitzt ihr heute Abend noch beim Wirsing und die Puppen sind alle weg.« Vomland lächelte kalt und wandte sich wieder seinem Essen zu. Dann sagte er beiläufig: »Den Pfennig haben wir immer dabei«, und hob seine linke Hand. Per Metallschelle war sie mit einem schwarzen Koffer verbunden. »Kommt keiner ran!« Straten nickte: »Und ihr komischen Vögel schon mal gar nicht.« Heri baute sich vor Straten auf: »Walter, ihr habt euch doch in der Ukraine den Pechpenny andrehen lassen.« Straten genervt: »Haben wir nicht!« Wir: »Habt ihr doch!« Straten: »Haben wir nicht!« So ging das weiter, und ich holte zwischendurch eine neue Runde. »Haben wir nicht«, nölte Straten gerade wieder, als ich die Stangen auf den Tisch knallte. »Hosen runter, Vim. Zeigt uns doch euren Pfennig!« Vomland zögerte, dann zog er den Koffer auf den Barhocker und fummelte am Zahlenschloss herum. Walter half ihm:

»637 – die Zimmernummer von Ivonne aus dem Pascha.« Vomland nickte, 637, die Nummer passte. Dann öffnete er den Koffer. Und da lag er, zwischen alten Zeitungen und einer fleckigen Unterhose. »Ich hätte noch ein bisschen Ordnung machen sollen«, entschuldigte sich Vomland, während wir auf den Pfennig starrten. »Den habe ich mir größer vorgestellt«, sagte Reinhold schließlich. »Größer vorgestellt«, äffte Straten ihn nach. »Das sagt deine Frau in der Kiste wahrscheinlich auch immer.« Plötzlich entstand ein Gedränge. Delle war endlich nachgekommen und lieferte sich mit den Türstehern eine Hauerei. Er kassierte ordentlich, wir zählten zwei Leberhaken, zwei rechte Geraden und einen Volltreffer mitten in die Ursuppe. Dann torkelte er zur Theke und bestellte. »Schampusss für allle.« Vomland drehte sich angewidert weg: »Kann er doch gar nicht bezahlen, von seinem NDR-Gehalt.« Delle antwortete nicht, sondern griff blitzschnell in Vomlands Koffer. Erst krallte er sich die Unterhose, dann die Schatulle mit dem Pfennig. »Damit bezahle ich.« Der Wirt akzeptierte die Anzahlung und warf sie in die Kasse. »Eigentlich nur noch in Euro, Delle, aber weil du es bist«, grinste der Wirt. »Dann bekomme ich jetzt nur noch 2896,99 Mark von dir.« Delle zog lachend seine leeren Hosentaschen auf links. Vomland und Straten durchforsteten kreidebleich die Kasse. Vergeblich. Delle und ich nahmen uns in den Arm, stießen unsere Stangen gegeneinander und sangen lauthals: »Am Aschermittwoch ist alles vorbei!«

13

Wie Lennart plötzlich Schutz von der Familie brauchte
und ich schöne Grüße von Trollinger ausrichtete

DIE VILLA BLATTERTEIG

Hach, das würde ein gemütlicher Abend werden. Futtern, Fernsehen, Badewanne und dann ab in die Kiste mit Ilse. Zwinker, zwinker, you know what I mean. Ich haute mich auf die Couch und blähte kurz und unauffällig ins Paradekissen. Die Kidney-Bohnen aus der Sat.1-Kantine von heute Mittag tanzten noch immer Polka in den Schläuchen. Alle Höllenhunde, wie das roch. Aber da brachte mein Goldengel schon das Essen aus der Küche. Mjam, saure Nierchen und lecker Soleier direkt aus der Lauge, Ilse war wirklich ein Goldstück. Ich gab ihr zur Belohnung die Zunge, als plötzlich das Telefon bimmelte. So spät konnte das nur einer sein. Und richtig, der Sepp war dran, wie so oft in den letzten Tagen. »Was gibt's?«, fragte ich, während Ilse die Soleier auf meinen Teller kullern ließ. »Günter, komm nach Zürich, hier brennt die Hütte.« Dann legte er auf. Ich schaute auf den Hörer, auf die Soleier und auf das Sülzfleisch, das Ilse gerade mit Petersilie ein bisschen hübsch machte. Mjam, lecker. Aber der Job in Zürich ging vor. Ich strich meine Haare glatt und richtete mich ächzend auf. »Pupsi, du musst doch nicht etwa wieder weg?«, fragte Ilse gurrend. »Nein, Schatz, nur mal kurz um die Ecke, ein bisschen Luft schnappen«, antwortete ich und schnürte die Stiefel. Drei Stunden später brauste ich schon die Uferstraße des Genfer Sees entlang und bog kurz vor der Stadtgrenze scharf links ab. Hier wohnte Sepp, natürlich unter falschem Namen, wegen der Sicherheit. Ich klingelte an der Toreinfahrt mit dem Namensschild »Blatterteig«. Nach einigen Sekunden knarzte ein »Ja bitte?« mit Schweizer Akzent aus der Gegensprechanlage. »Hetzer hier!« Stille, dann knarzte es wieder: »Ja bitte?« Dämlicher Lakai, mir platzte der Kragen: »Der Puff unten im Dorf schickt mich, da ist noch eine Rechnung offen!« Endlich ging der Summer, das Tor öffnete sich, und ich knallte durch die Einfahrt, dass der Kies spritzte. Sepp kam mir entgegen. »Günter, wie gut, dass du kommen konntest.« Wir umarmten uns kurz, dann setzten wir uns auf die Terrasse. »Günter, die Familie hat Sorgen«, sagte Sepp heiser und streichelte seine schnurrende Katze. »Der Schwede macht wieder Ärger.« Ich nickte, davon hatte ich gehört. Ich faltete die Hände und blickte den alten Mann an. »Was kann ich in dieser Angelegenheit für dich tun?« Sepp hob bedächtig die Hände und wieder ertönte seine heisere Stimme: »Besuche ihn. Gib ihm zu verstehen, dass er Schutz braucht. Schutz von der großen Familie.« Ich nickte, wir drückten uns wortlos die Hand, und ich ging zum Auto. Ich stieg ein, auf dem Beifahrersitz lag jetzt ein schweinsledener Koffer. Zwanzig Minuten später erreichte ich Lennarts Anwesen. Auch er unter falschem Namen, »Lindgren« stand auf dem Schild. Das Tor öffnete sich prompt, der Don hatte mich offenbar angekündigt. Lennart stand an der Pforte, er wirkte nervös. Ich stieg aus, und Lennart deutete eine Verbeugung an. Wir gingen ins Haus. »Schöne Grüße von Trollinger«, richtete ich aus. »Ach«, sagte Lennart erfreut. »Wie geht es ihm?« Ich imitierte das Tschilpen einer Schnapsdrossel, und wir lachten beide herzlich. Wir setzten uns an seinen Schreibtisch, dann wurde es ernst. »Günter, ich habe der Familie immer meinen Respekt bezeugt, und ich bin sehr dankbar für den Schutz in all den Jahren. Das weißt du. Aber der Don hat einen großen Fehler gemacht und seine Zeit ist vorbei.« Ich hob die Hände, wie ich es bei Sepp gesehen hatte, und sagte dann sanft: »Lennart, oh Lennart. Du weißt, was passiert, wenn du keinen Schutz mehr bekommst?« Lennart schwitzte, denn er wusste, was passieren konnte. Ohne Schutz. Ich lehnte mich zurück, dann griff ich langsam neben mich. Mit einem Ruck zog ich den Koffer auf den Tisch. Lennart blickte angstvoll. »Eine kleine Aufmerksamkeit für dich und deine afrikanischen Freunde«, sagte ich lapidar. Mit einem metallischen Schnappen öffnete ich den Koffer und schob ihn über den Tisch. Lennart blickt hinein. »Von diesen Argumenten habe ich nichts gewusst«, sagte er langsam. Dann lächelte er. »Meine afrikanischen Freunde und ich, wir brauchen Schutz von der Familie.« Fünf Minuten später war ich wieder auf der Uferstraße. Es wurde langsam Frühling, ich konnte offen fahren. Die ersten Sträucher trugen Knospen, einige blühten sogar schon. Ich passierte die Hofeinfahrt der Villa Blatterteig. Durch die Gitterstäbe sah ich ihn. Er saß noch immer auf der Terrasse, und seine Katze war bei ihm. Ich hupte kurz im Vorbeifahren, er blickte auf und winkte.

14

Wie wir uns auf der Sportschau-Party druckbetankten und warum Wonti Tränensäcke groß wie Kuheuter hat

IM FUNKHAUS WAR DIE HÖLLE LOS

Dengelengelengeleng. Ich schreckte hoch. Alle Höllenhunde, was war das? Dengelengelengelegeng. Der Radiowecker nicht, den hatte ich seit Jahren auf »Für Elise« programmiert. »Für Ilse«, sagte Ilse dann immer und ab ging es in die Kiste. Dengeleng. Das Handy auch nicht, das hatte »Knight Rider« gebucht, eine tolle Serie mit einem unterschätzten Hauptdarsteller. Hatte Ilse den Köter etwa wieder im Backofen eingesperrt, oder war Hawelka aus der 17 komplett durch den Windkanal? Keins von beidem, ich riss das Fenster auf und sah die Bescherung. Unten standen Delle und Waldi und schepperten Mülltonnendeckel gegeneinander. »Runter von der Mülltonne, ihr verdammten Kojoten«, brüllte ich, während Ilse hinter mir ächzte. »Sind das wieder die Irren?« Ilse mochte Delle nicht. Und immer wenn ich von Waldi erzählte, sog sie hörbar Luft ein und ging in den Keller zum Sandsack. »Komm runter, Günter«, rief Waldi und schwenkte eine mitgebrachte Magnumflasche Möt über dem Kopf. »Die Sportschau ist wieder da und im Funkhaus ist die Hölle los.« Ich begriff. Es wurde bereits seit sechzehn Uhr gefeiert, die Kirch-Insolvenz, und ich hatte schon das Beste verpasst. Ins Hemd und untenrum frische Brise, schon gaben wir uns im Vorgarten die hohe Fünf, riefen unsere Parole »Wo ist der Deinhardt« und heizten mit Delles Ascona Richtung Innenstadt. Plötzlich knallte es, und hinter uns splitterte die Scheibe. Verdammt, Hawelka und sein Kleinkalibergewehr. Irgendwann würde ich den tückischen Zwerg entmündigen lassen. Zehn Minuten später kamen wir am Funkhaus an. »Günter, da sind Weiber«, schwärmte Delle, während wir mit Schmackes ins Parkhaus bretterten. »Ein Knaller neben dem anderen.« Waldi ergänzte: »Und die ganze Partymafia von früher.« Ich konnte es nicht fassen. »Etwa auch der Turnlehrer?«, fragte ich. Waldi nickte: »Rauschenbach ist heute Morgen aus München gekommen. Urlaubsschein vom Altersheim.« Wir betraten das Foyer, am Empfang trugen gerade einige Pagen einen sturzbetrunkenen Mann ins Nebenzimmer. »Vorderwülbecke«, sagte Waldi indigniert. Im Aufzug begegneten wir Pleitgen. »Da sind ja meine Hoffnungsträger«, grinste er und hieb Delle auf die Schulter. Ein leichter Klaps nur, aber Delle knickte sofort ein und machte Flachköpper. Wir lachten herzlich und drückten dann den legendären Knopf Nr. 7, die Sportredaktion. Oben war die Hölle los, und alle waren sie da. Fritz Klein, Heri, Rubi und Beckmann. Außerdem Rauschenbach, und Waldi schwor Stein und Bein, eben sei Harry Valérien mit einer hübschen Perle an ihm vorbeigestiefelt. Die Tanzfläche im Nebenraum war allerdings leer. »Breuckmann legt auf und hat seine Deep-Purple-Platten mitgebracht«, erklärte Heri genervt. Eine schnittige Tante am Büfett machte mir schöne Augen. Da würde ich gleich mal ankern. Schnell zurückgeplinkert und schon war ich auf dem Weg, um mit der Dame die Lachshäppchen anzutesten. Plötzlich spürte ich eine kalte Pranke auf der Schulter. Vorderwülbecke war von den Toten auferstanden: »Darf ich dir meine Frau vorstellen?«, lallte er und zeigte auf den hübschen Käfer am Büfett. Konnte ja nicht wahr sein, Wülmaus und dieser prämierte Rassehase. »Passt wie Arsch auf Eimer«, flüsterte mir Delle grinsend ins Ohr und zog mich weg von dem Gruselpärchen. In Pleitgens Zimmer hatte sich unterdessen eine informelle Runde um den Kartentisch versammelt. »Männer, die neue Sportschau wird eine großartige Nummer«, verkündete Fritz gerade. »Wir holen die alte Fußball-Torwand wieder raus.« Alle nickten zustimmend. »Hintertorkamera und Superzeitlupe werden abgeschafft«, ergänzte Fritz Klein. »Und nur noch Ausschnitte von drei Partien pro Spieltag.« Das kam von Heri. Draußen im Großraumbüro tanzten nun endgültig die Mäuse auf dem Tisch. Delle schwoofte mit Doris Papperitz, immerhin besser als letztes Mal, als er mit Christa Gierke Klammerblues getanzt hatte. Plötzlich erklang die »Knight Rider«-Melodie, mein Handy. Ich ging hinaus auf den Flur, wo mir schon wieder Vorderwülbecke entgegengetorkelt kam. »Hetzer«, meldete ich mich. Wonti war am anderen Ende. Erst erkannte ich seine Stimme nicht, nur ein Schluchzen drang durch die Leitung. Dann jammerte er: »Günter, wir verlieren den Fußball, die Sendung, alles.« Ich tröstete ihn und versicherte: »In Gedanken bin ich bei euch.« Ich legte auf. Auf dem Flur eröffnete Rubi gerade eine neue Polonaise. Ich reihte mich ein.

15

Wie wir in Tokio ordentlich Glut aus dem Opiumpfeifchen holten
und Delle beinahe für Gladbach spielte

WE WANT OPIUM!

Trollinger hatte uns den Laden wärmstens empfohlen. »Müsst ihr mitnehmen, ist ein absoluter Pflichttermin.« Nun standen wir davor, hier musste es sein, laut Trollingers Zeichnung. Fünf Tage waren wir schon in Tokio, die Lage für die Kollegen checken. Jetzt erwartete uns der Höhepunkt unseres kleinen Ausflugs. »Eine Opiumhöhle«, staunte Heri, und Delle klopfte ihm gütig auf die Schulter. »Wir können dich auch schnell noch zum Spielplatz bringen. Oder willst du zurück ins Hotel?« Heri schnaubte verächtlich, und wir fuhren die Bude klar. Drinnen roch es wie Hölle, wie damals, als wir bei Trollinger zum Bohneneintopf eingeladen waren. »We want opium«, erklärte Delle und zeigte auf die Jungs, die im Hinterzimmer am Boden lümmelten und sich die Birne mit feinstem Stoff betankten. Einer der Woks kassierte ab, 200 Steine für die ganze Bande, und stellte uns eine ordentliche Spesenrechnung fürs NDR-Controlling aus. Wir starrten auf die Zeichen. »Soll wohl Bewirtung heißen«, mutmaßte Heri. Sei's drum, wir knallten uns zu viert auf die Matratzen, schon rollten die gestopften Pfeifchen an und wir schmauchten los. »Heri, alte Pflaume, du paffst ja nur«, frotzelte Delle, und Heri gab sich schuldbewusst. »Von Lunge muss ich immer husten.« Kinderkram, dachte ich verächtlich und zog mir das Zeug mit ordentlich Torpedo in die Schläuche. Erst merkte ich nix, gar nix, überhaupt nix. Keine Abfahrt, keine Trompeten, niente, nada, nix. Nur mein Hintern war plötzlich taub. Was für eine Pleite, dachte ich enttäuscht. »Jungens, merkt ihr schon was?«, fragte ich die Clique. »Kein bisschen«, das kam von Heri, aber dass der Warmduscher nix merkte, war ohnehin klar. Delle grunzte nur, und Waldi war schon auf der großen Reise. Der Hundesohn lag auf seiner Pennpritsche und spielte zweihändig Luftgitarre. Ich rief wütend den Oberwok, so ging das ja schließlich nicht. Sofort kam einer von den Komikern in Frauenkleidern anscharwenzelt, gute Güte, die ewigen Verbeugungen gingen mir langsam auf den Sack. »Nimm mal die Rübe wieder hoch, Falun Gong«, raunzte ich, »und füll uns mal subito 'nen ordentlichen Treibstoff in den Kanister.« Falun glotzte wie ein Pferd beim Dressurreiten. Also bitte, Klartext für den jungen Mann: »Meister, deine Reisernte kannst du woanders verfeuern. Ich hab eben deinem Kumpel 50 fette Steine in die Hand gedrückt, und bis jetzt ist nur die Falte taub. Nun mach mal 'nen langen Schuh und hol deinen besten Stoff aus der Vitrine.« Heri unterstützte mich: »Genau!« Falun lächelte: »Wie Sie wünschen«, und machte den Abgang. Kurze Zeit später kamen zwei seiner Schergen und stopften neues Kraut in die Tube. Na endlich, ging doch, auch bei den Reisfressern. Ich schob mir die Pipette zwischen die Kiemen und zog mit Karacho die Suppe in den Schlund. Und siehe da, das ging gleich ganz anders ab. Ich schloss die Augen und war plötzlich weg. In Düsseldorf. Im Rheinstadion. Pokalfinale 1973. Es läuft die 94. Minute gegen den 1.FC Köln, und ich habe mich vor vier Minuten selbst eingewechselt. Gleich werde ich eine wunderbare Hütte machen. Doppelpass mit Bonhof, linke Klebe, drin das Ding. Gerade habe ich den Ball bekommen, will zum berühmtesten Flügellauf aller Zeiten starten. Da kommt plötzlich einer von hinten gewetzt, nimmt mir den Ball vom Schlappen. Mit der Nummer 12. Meiner Nummer. Wer ist der Hundesohn? Kurz dreht sich der Lurch um und zwinkert mir zu. Alle Höllenhunde, das ist Delle. Stürmt los, Doppelpass mit Bonhof, linke Klebe, drin ist das Ding. Pokalsieg für Gladbach, für uns. Alles am jubeln und Delle mittendrin. Leck mich fett, kann doch wohl nicht angehen. Pokalheld bin ich, ich allein. Und Delle kann doch gar nicht kicken, wird beim ARD-Betriebssport immer als letzter gewählt. Delle geht auf mich zu und lacht hämisch. »Tolles Tor habe ich gemacht. Und Günter, du musst wissen: Das ist kein Traum.« Plötzlich wachte ich auf. Heri stand an der Pritsche und rüttelte an meiner Schulter. »Ach, Günter«, jammerte er. »Ich merke überhaupt nichts. Ich kann halt nicht auf Lunge.« Ich schaute mich um. Waldi spielte noch immer Luftgitarre. Neben mir stand plötzlich wieder Falun von vorhin. »Sind Sie zuflieden mit unsele Stoff?«, fragte er. Ich ächzte erschöpft: »Sehr guter Stoff, Meister.« Ich richtete mich auf und linste unauffällig zu Delle hinüber. Der lag auf seiner Matratze und grunzte. Ich sah genauer hin, aber er hatte kein Gladbach-Trikot an. Ich hätte schwören können …

16

Wie Delle sein legendäres Furzkissen einsetzte
und der arme Waldi seine Perle mit nach Yokohama brachte

DAS LEGENDÄRE FURZKISSEN

Unter uns ein Wolkenmeer, wir waren wieder einmal unterwegs. Destination Yokohama, Endspielort. »Kommt endlich rüber, Jungs«, hatte uns Trollinger am Vorabend angerufen. »Das Endspiel ist Pflichttermin! Und abends steigt eine Party in der deutschen Botschaft. Mit Spielerfrauen und Reiswein bis die Flöte juckt.« Frauen, Reiswein, Flöte, das hörte sich gut an, aber: »Wer zahlt den ganzen Spaß?«, hatten wir gefragt, schließlich waren wir nach dem letzten Tokio-Trip auf den verdammten Sonderdiensten im Hotel hängen geblieben. Unvergessen, die saure Schnute von Ilse, als drei Wochen später die Rechnung über »TV-Kanäle 19-23« ins Haus flatterte. »Ganz harmlose Abenteuerfilme, mein Schatz«, hatte ich die erste Attacke noch pariert, aber wie heißt es in meiner sehr gelungenen Werbung: Wenn du denkst, es geht nicht mehr, kommt irgendwo 'ne Flanke her. Ilse hatte nur bitter gelacht. »Merkwürdiger Abenteuerfilm, der ›Pornoyashi lässt es krachen‹ heißt.« Tausend Höllenhunde, auf der Rechnung standen auch die Filmtitel. Zehn Tage rauchige Stimmung im Hause Hetzer, vielen Dank auch, Trollinger. »Vergesst nicht, Quittungen zu sammeln«, kam der Alte nun über den großen Teich, der DFB würde also zahlen, wieder mal. Wir legten auf, und ich fuhr über Kontakte zwei Plätze im Regierungsflieger klar. Am nächsten Morgen checkten Delle und ich gut gelaunt im

Bomber ein. Reinhold hatte natürlich wieder gekniffen, weil seine Perle mächtig Trara gemacht hatte. »Die Lusche muss wahrscheinlich wieder zum Babyschwimmen«, hatte Delle geraunzt und gleich die Nummer von Becki im Mobiltelefon gelöscht. Im Flieger knallten wir uns sofort auf unsere Stammplätze, letzte Reihe und Fenster. Die Kiste war natürlich bumsvoll, aber Delle hatte sein legendäres Furzkissen dabei. Wir ließen das Gummi zweimal flattern, schon hatten wir die letzte Sitzreihe exklusiv für uns. Und während die Stewardess vorne noch mit der Sauerstofftröte herumhampelte, checkten wir unsere neuen Telefone. Hatte uns Wonti mitgebracht, mit abgefahrenen Klingeltönen aus Fernost. Während der Pilot die Kiste hochzog, funkten wir uns gegenseitig an. Hehe, war ein Heidenspaß, bis die Kiste plötzlich nach links abschmierte und eine hektische Puppe vom Service nach Passagierhandys fahndete. Fix versteckten wir die Gurken unterm Sitz, aber ein Neckermann aus Reihe 17 musste natürlich die Petze markieren. »Die da hinten«, rief er. Hundsfott. Als Antwort bekam er von Delle eine Flugdose Bier. Gischtalarm, Treffer versenkt, wir gaben uns die hohe Fünf und widmeten uns »Police Academy 5« auf dem Bordfernseher. Dann knackte ich weg, während Delle die brünette Stewardess auf der Toilette betanzte: Die beiden kannten sich von früher. Sechzehn Stunden später. Waldi begrüßte uns am Flughafen mit einem kräftigen »Zicke-zacke«. Wir antworteten mit einem donnernden »Hoi-Hoi-Hoi«, dann zogen wir, Ehrensache unter Kumpels, sofort blank und zeigten

Glanzkimme. Erst jetzt sahen wir entsetzt, dass Waldi seine Gattin dabeihatte. »Hilde, du in Yokohama?«, fragten wir und zwangen uns zu einem frostigen Lächeln. Die Alte hatte uns schon manche Party versaut. »Heute angekommen, eine Überraschung für Waldi!« Die war offenkundig gelungen, für unseren Freund war die WM schon vor dem Finale gelaufen. Unter einem Vorwand setzten wir uns ab und machten den Zweierbob in Richtung City. Im »Luxor« wartete Trollinger schon auf uns. Er roch stark nach Waschbenzin, es konnte aber auch lupenreiner Strohrum sein. »Grüß euch, ihr Halunken«, kumpelte Trolli und führte uns zur Rezeption. »Macht euch mal frisch, auch untenrum, um sieben ist Abfahrt zum Finale.« Im Aufzug begegnete uns Pelé. »Sieh an, der gesunde Mann«, begrüßte ihn Delle. »Wo kommst du denn her? Vom Urologen?« Wir lachten uns scheckig, ausgenommen die alte Spaßbremse Pelé. Der stieg schnell im zweiten Stock aus. Im Zimmer warfen wir uns erstmal auf die Pritschen und checkten das Fernsehprogramm. Auf der 23 war der unermüdliche Yashi in Action. »Ein Abenteuerfilm«, juchzte Delle. Wir machten es uns gemütlich und schauten dann auf die Uhr. Noch geschlagene neun Stunden bis zum Finale, ein kleines Nickerchen, um uns den Jetlag aus den Röhren zu pusten. Trollinger würde uns schon rechtzeitig wecken, außerdem waren die Japaner acht Stunden hinterher mit der Zeit. Oder voraus? Auch egal. Hauptsache, ich war zur Party danach wieder topfit. Mit Spielerfrauen und Reiswein.

17

Wie wir eigentlich mächtig Schlag beim Rassehasen Heidrun hatten und am Ende doch Franz das Rennen machte

SEHR GERNE, HERR BECKENBAUER!

Ich saß bei uns daheim auf dem Kanapee und lachte laut. Unglaubliche Bild-Zeitung. Der Kaiser und sein kleiner Prinz. Alles aus mit der ollen Sybille. Von wegen die Neue bei der Weihnachtsfeier kennengelernt, das wusste ich besser. Heide und Franz kannten sich schon seit dem legendären Bayern-Betriebsausflug auf der Isar. Ich musste es wissen, schließlich hatte ich die Puppe erst für Franz klargefahren. Und das kam so: Betriebsausflug der ganzen Bayern-Bande, zweihundert Mann auf dem Dampfer, ordentlich Kolben an Bord, und immer hübsch geschmeidig die Isar runter. Delle, Waldi und ich hatten spät eingecheckt und enterten unter großem Hallo mit Kühlbox und Frisbee das Oberdeck. Sehr lässig, jede Menge freie Liegestühle mit Uferblick. Wir entfernten sorgfältig die Reservierungsschildchen »Präsidium« und »Aufsichtsrat« und ab ins Café Waagerecht. Delle vertiefte sich in seinen Konsalik, und ich hatte gerade ein paar Minütchen gedöst, da rüttelte plötzlich ein Steward an meiner Schulter. Alle Höllenhunde, was wollte der Hupentoni von mir? »Diese Liegestühle sind für die Führung reserviert!«, mopste er sich. »Ich geb dir gleich reserviert, Kollege.« Das kam von Delle. »Und jetzt mach mal ganz fix 'nen langen Schuh.« Der Steward trollte sich, kam aber kurze Zeit später mit zwei anderen Weißmützen zurück, ein Fetter und ein Vorgesetzter. Das roch nach Ärger, zumal Delle gleich mal

Panzerkreuzer spielte. »Na, den großen Bruder mitgebracht? Kommt die Mami denn nach?« Delle fing sich prompt eine Linke vom Fetten, konterte aber mit einem feinen Uppercut und schickte den Vorgesetzten auf die Bretter. Waldi stürzte sich johlend auf die Tonne und verpasste ihm einen satten Leberhaken, ich schnappte mir den Dritten im Bunde und semmelte ihm die volle Breitseite zwischen Milz und Außenleber. Treffer versenkt, die Mütze röchelte und kroch speichelnd zur Reling. Wir machten uns erstmal vom Acker und checkten auf der Toilette ein. Während Delle einen Bob in die Bahn warf, linste ich durch den Türspalt nach draußen. Die Crew suchte uns, aber an der Reling wurde es erst richtig spannend. Ja, leck mich fett, direkt neben Ottmar hoppelten doch tatsächlich drei echte Rassehasen auf der Planke, allererste Qualität. Ich zog meine Krawatte zurecht. Da war wohl gleich ein netter Spaziergang an Deck angesagt. Delle war nun auch fertig und schaute mir neugierig über die Schulter: »Vergiss es, Günter, bei den Puppen siehst du kein Land. Die eine habe ich auf der Weihnachtsfeier zugetextet. Die Alte ist ein Eisfach, drei Sterne.« Waldi und ich lachten höhnisch. Auf der Weihnachtsfeier hatten wir Delle um fünf Uhr morgens voll wie eine Milchtüte aus dem Pool gezogen. Wir tänzelten hinüber zu den Puppen. Reine Routine für einen Goalgetter, die Linke war fällig. Hehe. »Hast du etwa Diabetes oder warum siehst du so süß aus?« Ein echter Ankommer, hundertfach erprobt, aber keine Reaktion, die Tante schnaufte nur komisch. Wohl Asthmatikerin. Und auch Waldi hatte kein Glück mit der altbewährten Nummer: »Bist du eigentlich religiös? Denn ich bin die Antwort auf deine Gebete!« Wenn Kopfschütteln Zustimmung bedeutete, war Waldi ganz nah dran. Blieb also noch die Dritte im Bunde. Ein Freispiel für uns. »Wie heißt du denn, mein Kind?«, flötete Waldi, während ich mir gleich den strategisch günstigsten Platz neben dem schnieken Püppi an der Reling sicherte. Heidrun hieß die Gute, war seit Jahren Tippse bei Fritz Scherer. »Einen Absacker bei uns in der Kajüte?«, schlug Delle vor, der alte Trick, aber Heide wollte partout nicht. Nun kam Waldi geschickt aus der Deckung. »Dann bei mir in der Kajüte?« Heide war langsam genervt. »Frau Graupner, zum Diktat.« Das kam von Kaiser Franz, der plötzlich mit offenem Hemd und zwei gefüllten Sektgläsern die Reling entlangkam. Heide lächelte dankbar. »Sehr gerne, Herr Beckenbauer.« Franz zog die alte Bogart-Nummer ab und bot der Dame galant den Arm. Verdammte Hacke, warum war mir das nicht eingefallen, so hatte ich schließlich damals auch Bärbel Schäfer rumgekriegt. Singend verschwanden die beiden unter Deck. So also lernte Franz seine Heide kennen. Durch meine Vermittlung quasi. Ilse kam aus der Küche und hatte meine geliebte Buttermilch mitgebracht. »Die arme Sybille«, sagte Ilse bedauernd. »Sie tut mir so Leid. Wo hat der Franz die Neue denn eigentlich kennen gelernt?« Ich zuckte mit den Achseln. »Bei der Weihnachtsfeier vielleicht«, nuschelte ich und schaltete den Fernseher an.

18

Wie zehn Kugelfische vor Schreck krepierten
und Trollinger doch keinen Krimsekt ausgeben musste

DIE ÜBLICHE TANKSTELLEN-NUMMER

Die Stimme von Hildchen Knef klang durchs Wohnzimmer. »Für mich soll's rote Rosen regnen.« War immer noch mein Lieblingslied. Ich summte mit und knackte das erste Feierabendbier, war schließlich schon Mittag, beziehungsweise später Vormittag. Ich trug meine bequemen Unterhosen, mit Eingriff, hehe. Ilse war seit Mittwoch im Urlaub, mit dem Klöppelkurs in Tirol, und morgen würde im Hause Netzer endlich wieder eine der legendären Pool-Partys stattfinden. Puffbrause satt, members only. Und dutzendweise topexklusive Rassehasen auf der Gästeliste, klarer Fall. Nur auf die verdammten Schonbezüge musste ich achten. Letztes Mal hatte Ilse hinterher Waldis Rotweinflecken bemerkt, Waldis andere Flecken gottlob nicht. »Pupsi, hast du einen Stehempfang gemacht?«, fragte sie, Ilse war immer so misstrauisch. »Die Kerners waren zu Gast«, log ich. Das passte, da fragte sie nie nach, die beiden Erzlangweiler konnte sie nicht leiden. Das Telefon klingelte. Daa-daa-da-da-daa. Der Entertainer, mein neuer Klingelton. Das war sicher Delle, wegen des Bieres. Vierzig Kisten Premium mussten reichen. Hoffentlich hatte sich der Amateur keine Bonustüten Apfelsaft andrehen lassen wie bei seiner Geburtstagsparty. »Hallo Günter, hier Trollinger.« Leck mich fett, Trolle am Rohr. Hatte nichts mehr von ihm gehört, seit ihn die Japaner weggeheftet hatten. Er hatte ja auch unbedingt darauf bestehen müssen, nach unserem geselligen Abend zur Erfrischung seinen Kopf in das Aquarium des Fischrestaurants gegenüber zu stecken. Zehn Kugelfische waren vor Schreck krepiert, und die VfB-Kreditkarte, die Troll hinübergereicht hatte, funktionierte natürlich nicht. »Leidel gespellt«, hatte der Wok grinsend verkündet und gleich einen satten Punch auf die Rübe kassiert. »Was gibt's denn, Gerhard?« Trollinger klang gehetzt. »Ihr müsst nach Stuttgart kommen.« Ich winkte im Geiste ab. »Vergiss es, ich habe hier morgen die fetteste Party der Stadt.« Aber Troll blieb hartnäckig. »Bis dahin seid ihr längst wieder zurück. Das Finanzamt kommt morgen zur Revision, ich muss Akten schreddern. Das schaffe ich nicht allein.« Trollinger schwieg und fügte dann hinzu: »Ich hab ordentlich Krimsekt da.« Eine kleine Landpartie, dafür waren wir immer zu haben. Eine halbe Stunde später parkten Delle, Waldi und ich vor Heris Haus. Delle sprang aus der Kiste und klingelte Sturm. Heri öffnete, er war ganz bleich. Delle frotzelte »Alles fit im Schritt?« und griff ihm beherzt in die Kronjuwelen. Das hatte Delle sich von Wonti abgeschaut. Doch Heri hatte keine Zeit für Späße. Boßdorf hatte gerade angerufen. »Die wollen mich als Kommentator absägen.« Heri knirschte mit den Zähnen: »Aber ich werde mich grausam rächen.« Er lachte heiser. Kein Zweifel, Heri brauchte jetzt echte Freunde. Delle klopfte ihm auf die Schulter. »Kopf nicht hängen lassen.« Dann machten wir uns vom Acker. Bis zur Autobahnauffahrt herrschte eine merkwürdige Stille im Auto. Unsere Gedanken waren ganz bei Heri. Dann hatte Delle endlich einen ordentlichen Sender gefunden, und mit Schmackes und Herzblut sangen wir mit: »Kalimba de Luna.« Ein Riesenhit. Etwas später die übliche Tankstellen-Nummer. Delle und ich lenkten den hübschen Käfer an der Kasse ab, während Waldi durch die Gänge robbte und ordentlich Alkmöhren für die Überfahrt klarfuhr. Drei Komplettkisten hatten wir schon im Kofferraum, bis die Tante am Counter plötzlich misstrauisch wurde. Waldi stibitzte noch schnell drei Schnitzel aus der Auslage, dann checkten wir schnell aus und machten Meter. Die Kiste hatte jetzt hinten ordentlich Übergewicht, und so parkten wir auf dem Standstreifen und gaben uns die ersten Kolben. Bäh, ich spuckte angewidert aus. Alle Höllenhunde, was war denn das für eine Plörre? Auch Delle erbleichte. »Lies mal, was da steht«, herrschte er Waldi an und deutete auf das Etikett. Der beugte sich herüber und buchstabierte mühsam: »Al-ko-hol-frei.« Die Stimmung war natürlich Ground Zero, wortlos entsorgten wir die Kisten im Wald, die Besucher des Vogelschutzgebietes würden sich freuen. Fünf Stunden später erreichten wir Trollingers Anwesen. Schon von weitem sahen wir das Blaulicht und die Absperrungen. Ein Knabe von der grünen Trachtengruppe winkte uns vorbei. »Herr Wachtmeister, was ist denn hier los?« Der Beamte beugte sich herunter. »Einsatz der Steuerfahndung. Bitte fahren Sie weiter. Es gibt hier nichts zu sehen.« Nein, hier gab es nichts zu sehen. Wir fuhren in die Innenstadt. Ich kannte da einen Laden. Members only, jede Menge smarte Bunnys. Und Krimsekt im Angebot.

19

Wie Christoph in Wien ins Schneegestöber geriet und meine Gattin vergeblich den Rollbraten warmhielt

HINTER DER HOFBURG ZWEIMAL LINKS

Später Nachmittag, Bratenduft erfüllte das Haus. Ilse klapperte in der Küche, ich lag in der Badewanne und schnupperte erwartungsfroh. Das würde ein feiner Abend. Erst lecker Rollbraten und dann mit den Jungs auf die Piste. Hartwig und seine verstrahlte Posse machten im Sartory das ganz große Fass auf. Und wie ich Jimmy kannte, waren wieder jede Menge prämierte Bräute am Start. Ilse musste gottlob morgen früh raus, wäre ja nicht auszudenken. Es klopfte an der Badezimmertür, Ilse mit dem Telefon. »Alter Halunke«, dröhnte es durch den Knochen. Die Stimme kannte ich doch, ich richtete mich auf. »Leck mich fett, Christoph, du bist zurück«, rief ich in den Hörer. »Worauf du dich verlassen kannst.« Da war er wieder, ganz der alte Christoph. Zwei Minuten später hatte ich meine Abendplanung abgeschlossen. »Party in Wien, hinter der Hofburg zweimal links. Ich zähl auf dich, Baby.« Klick. Aufgelegt. »Stell den Rollbraten warm, Pupsi«, rief ich noch in die Küche, bevor ich die Haustür ins Schloss schnappen ließ. Drei Stunden später. Delle, Waldi und ich parkten auf dem Zierrasen und drehten uns noch fix eine Tüte Krautsalat. Dann enterten wir die Party. Und wir kamen keine Sekunde zu früh. Trollingers Kopf lag bereits in der Bowle, Nowottny fuhr bei den Sektkübeln eine Puppe klar und Christoph kam uns mit ausgebreiteten Armen entgegen. Er trug einen sündhaft teuren

Hermelinmantel mit Flossenkragen und hatte das Haar nass zurückgelegt. »Wunderbar, dass ihr da seid.« Christoph drückte uns an sich. Immerhin beruhigend zu wissen, dass er immer noch das Rasierwasser aus dem Schlecker benutzte. »Schaut euch um, es sind alle gekommen«, verkündete er stolz. »Toppi und Rainer, Schnixe Schneider und Zé Roberto, Giovane kommt auch gleich.« Yeah, Giovane, wir lachten herzlich. »Wie kommt der denn hierher? Mit der Postkutsche?«, kicherte Waldi. Ein köstlicher Witz. Schließlich hatten wir vor zwei Wochen alle das Wettrennen gesehen, Giovane und der Komiker Pacult von den Sechzigern. Einmal die Prinzregenten rauf und wieder runter, Vollspeed und keine Kupplung. Beide natürlich hacke bis zur Oberkante. Und wer wird gleich an der ersten Kreuzung von der Polente gepackt? Der Giovane. Muss, klaro, Promille pusten und bläst erstmal fein in den Kugelschreiber. »Die Nummer hätte von mir sein können«, meinte Delle neidisch. Ich blickte hinüber zu den Langusten. Dort standen Kalle und Uli von den Bayern und tuschelten. »Wer hat die Bremsen denn mitgebracht?«, fragte Delle verächtlich. Christoph zuckte gelangweilt die Achseln. »Die saßen bei Trollinger im Auto. Dachten wohl, es ginge zu Franz in die Schweiz.« Wir seufzten. Der gute Franz. Wir verharrten für eine Gedenkminute. Mit dem war nichts mehr los, seit ihm Heide den kleinen Kaiser angehext hatte. Die legendäre Bayernsause in Giesing, der Wet-T-Shirt-Contest mit Babsy und Fiona aus dem Pascha, der Frühschoppen bei Fedor, früher absolute Pflichttermine für den Kaiser. Und jetzt?

»Muss den Kleinen noch ins Bett bringen«, äffte Waldi nach. Die Tanzfläche belebte sich. Nowottny hatte offenkundig ein gutes Finish hingelegt, jetzt wurde eng getanzt. Der Fuchs, dachte ich neidisch, da rempelte mich Christoph freundschaftlich an. »Eine kleine Prise?«, fragte er lächelnd und rieb sich auffordernd den Riechkolben. Wir waren entsetzt, Christoph hatte doch geschworen, endlich die Finger von der verdammten Schnupferei zu lassen. Das Zeug würde ihn noch irgendwann umbringen. Hier waren wir als seine Freunde gefragt. »Gute Qualität?«, fragte Delle neugierig, und ich sah mich suchend um. War denn hier irgendwo eine Toilette? Doch plötzlich kam ein Kollege von der Bar herüber. Mitte Fünfzig, schlechte Zähne, geschmackloser Anzug, aber im Arm zwei beeindruckende Zuchterfolge. »Das ist Frank«, stellte Christoph vor. Frank schüttelte uns die Hand. »Schön, dass ihr gekommen seid. Christophs Freunde sind auch meine Freunde.« Dann wandte sich Frank an Christoph. »Freut mich, dass dir mein alter Hermelinmantel gefällt. Hängst ihn aber nachher wieder zurück.« Christoph nickte beflissen. Kaum war Frank wieder weg, steckten wir die Köpfe zusammen. »Was war das denn für ein Schleimer?«, fragte Delle leise. Christoph blickte ihm bewundernd hinterher. »Der ist stinkreich. Dem gehört hier alles. Und er kann euch Weiber besorgen bis zum Abwinken.« Warum hatte Christoph das nicht gleich gesagt? War ein wirklich sympathischer Typ, dieser Frank. Wir sollten ihn näher kennen lernen, noch heute Abend.

20

Wie Kahnemann sein Handicap nicht verbesserte
und es dafür in der Karlsruher Landdisco mächtig scheppern ließ

FUN, BILLARD UND MÄDELS MIT OLLI

Olli fluchte und schmiss das Fünfereisen wütend ins Gras. Er hatte den Schläger gerade wieder mal volles Mett in die Botanik gehauen. Der Ball lag noch immer auf dem Hütchen. »Spielst ja wie der letzte Heckenpenner!«, kommentierte Delle höhnisch, legte sich seinerseits die Kugel zurecht und senste sie ganz geschmeidig aufs Grün. Alle Höllenhunde, für Delle war ein Birdie drin, da musste ich nachlegen, sonst war der Komiker wieder für einen Monat legitimer Nachfolger von Bernie Langer. Ich schlug ab, kurz und trocken durchgezogen, und wer sagt's denn, acht ums Vorderholz, direkt ans Fähnchen. »Sag Tiger Woods zu mir, Kollege«, baute ich mich vor Olli auf, aber der fletschte nur die Zähne. Delle warf sich zwischen uns: »Jungs, wartet mit der Hauerei bis heute Abend, dann ist Beckmann wieder dabei.« Der gute Becki. Den hatte es gestern Abend derbe geschrägt, aber der Reihe nach. Wir hatten schließlich schon drei harte Tage mit Olli und seinem Bruder hinter uns. Heißt übrigens Axel, ein dufter Typ, fährt Audi wie ich und lässt bei den Puppen nichts anbrennen, auch wie ich. Könnte mein Auszubildender sein, hehe. Am Mittwoch, wir mit Axel zur Schaumparty im »Pony«, Donnerstag die Sause mit den Bunnys vom »Pony« im »Knickerbocker« und gestern mit der ganzen Truppe ins »Chez Ellen«. Den Laden haben wir richtig abgerockt, leck mich fett. Über die Stühle ging es ab, und

Olli lässig mit Michelle ins Séparée. War überhaupt ganz entspannt, der Olli, gar nicht so grimmig wie sonst bei den Bayern. Er hatte zwischendurch sogar mal gelacht. Bruahahahar. So ungefähr. Und immerhin hatte uns Olli komplett eingeladen. »Fünf Tage Relaxen, Fun, Mädels und Poolbillard, alles für lau«, hatte er am Telefon gesagt. »Und wo ist der Haken?«, hatte ich zurückgefragt. »Gibt keinen Haken«, hatte Olli geantwortet, »kommt einfach runter nach Karlsruhe.« Da war er, der Haken. Trotzdem stand die Feiertruppe schnell Gewehr bei Fuß, lauter verlässliche Jungs, keine Laumänner, keine Verdrücker wie Kerner. Stattdessen Waldi und Delle, sogar Beckmann hatte seiner Alten was von Dienstreise, fünf Tage in Paderborn, erzählt. Da hat sie nicht mehr nachgefragt, die Plunze. Hut ab, Chapeau, dieser Fuchs machte uns allen noch was vor. Axel hatte uns dann vom Flughafen abgeholt, in der roten Möhre von Olli. Mit ordentlich Stundenkilos ging es dann gleich ins »Pony«. Axel hatte zunächst nur Standgas gegeben, aber Delle hatte ihn angefeuert: »Der macht doch mindestens 220, wenn du ihn kräftig trittst.« Und in der Tat, die Maranello-Moppe konnte was unter der Haube. Außerdem hatte das Bruderherz ordentlich Gesichtswärmer im Kofferraum. »Axel Schweiß, du gefällst mir immer besser«, hatte Waldi da gegrinst und mit den Zähnen die Doppelkornflasche aufgeschraubt. Delle und ich haben uns erstmal abgebückt. Axel Schweiß, ein grandioser Gag. Später im »Pony« war es dann großartig. Gut abgefetzt, einen Muntermacher am Hals und immer dem Olli nach, Parole Höschen. »Dein Muskelfaserriss ist ja prima verheilt«, pflaumte Delle. Olli hatte nur gegrinst. Nun also der zweite Versuch für den Olli. Diesmal der Vierer, leichter Wind. »Hau ihn wieder in den Bunker«, frotzelte Beckmann, der inzwischen dazugestoßen war. Sein Auge war noch immer violett von der Keilerei gestern bei Ellen. Ein Türsteher hatte ihn mit Hütchen abgezockt, da war Reinhold gleich drauf losgegangen. Brille ab und dann gab es für den Wauwau ordentlich was zwischen die Kiemen. Aber der gute Beckmann hatte auch kassiert, zweimal die Gerade mitten auf die Zwölf. Hätte eigentlich ins Krankenhaus gemusst, aber Olli hatte die Wunde kurzerhand getackert. »Mache ich auch immer so.« Hehe, ganz der Olli. Nun kam ein Lakai vom Klubhaus angefahren. »Das Spiel wurde gerade angepfiffen. Wenn Sie wollen, können wir Ihnen das aktuelle Ergebnis der Bayern übermitteln.« Olli winkte ab. »Gegen wen spielen die denn heute?«, fragte er gelangweilt und semmelte die Kugel prompt wieder in den Sand. Delle und ich waren längst schon auf dem Grün und lochten souverän ein. »Das können wir«, lachten wir und gaben uns die hohe Fünf. Olli hatte es schließlich satt und latschte hinter uns her. »Seid ihr heute Abend dabei, Jungs?« Wir schüttelten den Kopf, um sechse ging unser Flieger zurück, keine Zeit mehr für Halma und Mühle mit Olli und Axel. »Ihr Bausparer. Axel und ich lassen es heute Abend noch richtig krachen«, prahlte er. »Vor fünf Uhr holt mich keiner aus dem Laden.« Wir winkten nur müde ab. Olli, der alte Sprücheklopfer.

21

Wie wir uns mächtig beeilten, um rechtzeitig auf der Bayern-Weihnachtsfeier aufzuschlagen und doch den Fight zwischen Martina und Claudia verpassten

HALLÖCHEN POPÖCHEN!

Die Weihnachtsfeier der Bayern, klarer Fall, ein Pflichttermin für die Jungs und mich. Schließlich erinnerten wir uns noch alle blendend an letztes Jahr: Puppengroßalarm, ein Dutzend Rassehasen pro Quadratmeter, sensationelle Fangquote, sogar Heri hatte zwei Abschüsse zu vermelden, beide allerdings über sechzig. Dementsprechend früh und vollzählig stand die Clique in Formation, als ich aus der Tür trat. Waldi hatte standesgemäß die lange Limo gemietet, sechs Türen, Schampustüte und zwei Puppen serienmäßig im Fond. »Alles frisch?«, fragte ich routiniert in die Runde. »Auch untenrum!«, antwortete die Meute fröhlich im Chor. Kein Zweifel, die Bande war gut drauf, die Party konnte starten. Dann aber riss uns ein ohrenbetäubender Hupton aus den Träumen. »Verdammt«, fluchte Delle, »Trollinger ist mal wieder auf der Hupe eingepennt.« Und in der Tat lag er selig schlummernd überm Lenkrad. »Der hat schon auf der Hinfahrt die komplette Mariacron-Batterie gekillt«, zeigte Waldi die geplünderten Vorräte. Immerhin, der Möt war noch da, und wir genehmigten uns im Wagenfond einen Eierwärmer, besser zwei, am besten drei. Langsam kamen wir auf Betriebstemperatur, dabei waren wir noch keinen Meter gefahren. Trolle war aufgewacht und versuchte seit einer Viertelstunde vergeblich, den Wagen anzulassen. Irgendwie passte der Zündschlüssel nicht. »Gerhard, das ist der Lüftungsschlitz«, versuchte Heri zu helfen. »Schnautssse«, kam es patzig von Trollinger zurück, und endlich machte die Kiste ordentlich Bässe. Mit mächtig Pferden ging es dann hoch zur Säbener, das Büfett musste längst eröffnet sein, außerdem hatte der Maiersepp angekündigt, um zehne auf der Terrasse nackt den Ketchup zu tanzen. Sensationell, durften wir nicht verpassen, die Nummer. Trollinger trat das Pedal fett gen Süden, als plötzlich ein Herr im Frack uns den Weg versperrte. »Was will der verdammte Pinguin?«, knurrte Trollinger, dann erst erkannten wir den Kollegen: »Lothar, alter Freischärler, was machen die Jugos?« Matthäus deutete aufgeregt in Richtung Terrasse: »Beeilt euch, Sepp ist schon dran.« Verdammt, der Höhepunkt des Abends ohne uns? Wir sprinteten über den Trainingsplatz, Waldi nahm Trollinger huckepack. Drüben wurde schon gejohlt, das hieß: Sepp hatte blank gezogen. Als wir ankamen, war bereits alles vorbei, die Damen zerstreuten sich kichernd. Der Maiersepp und Gerd Müller begrüßten uns mit großem Hallo und einem gut abgezogenen Whiskey Sour. »Endlich, die Partyguerilla ist da!« Wir gaben uns mit den Senioren die hohe Fünf. »Mädels, ihr habt bereits was verpasst. Klasse Fight zwischen Martina und Claudia am Büfett«, schwärmten die beiden und deuteten auf die Effenberg, die gerade ordentlich angefressen und mit fett Nudelsalat in den Extensions auf die Toilette verschwand. Delle ging natürlich sofort hinterher, der alte Witwentröster, da war vielleicht was zu machen. Unterdessen flanierte Effe mit seiner neuen Puppe an uns vorbei. »Auch nicht gerade eine Schönheit, die Strunz«, kommentierte Waldi. »Die kann sicher ein Kunststück«, vermutete Heri, während Delle derbe enttäuscht von der Toilette wiederkam. »Nix zu machen bei der Effenberg, die Alte ist eine Gefrierbox.« Höchste Zeit also für das dynamische Duo. Delle schubste DJ Memme Scholl von den Drehtellern, knallte unser mitgebrachtes Mixtape »Schmuserock« in die Stereobox und röhrte durchs Mikro: »Damenwahl!« Prima Trick, ich hatte in Rekordzeit eine schnieke Puppe am Hals, genau meine Kragenweite. Dann mal los, Günter, bewährtes Programm. Linke Hand lässig auf der Schulter, parallel dazu der Start einer Expedition in die Poebene. Hehe. Hallöchen, Popöchen! Da tippte mir ein Scherge vom Service auf die Schulter. »Am Eingang wartet eine junge Dame auf Sie.« Yeah, das wurde ja immer besser. Ich parkte das Püppi bei Waldi und schlenderte zum Eingang. Aber von wegen junge Dame. Das war Ilse. Blitzschnell warf ich mich zu Boden und robbte hektisch unter dem Büfetttisch zur Herrentoilette. Als ich vor der Doppelnull hochblickte, stand da, hopplahopp, schon wieder Ilse. »Ich dachte, ich hol dich ab. Freust du dich?« Ich rappelte mich langsam auf, nickte säuerlich, der Abend war natürlich gelaufen, alle Höllenhunde. Ich holte meinen Mantel und blickte mich noch mal wehmütig um. Trolle hing in der Bowle, Waldi hat mein fabulöses Püppi von eben geentert, Delle knutschte auf der Tanzfläche mit Martina Effenberg und blickte nur kurz grinsend herüber: »Dann mal frohe Weihnachten, Günter!« Danke, Partner, du mich auch.

22

Wie wir mal wieder die Nationalelf nach Spanien begleiteten
und warum sich Wonti erst später nackig machte

DESTINATION MALLE

Bingo, die hübsche Puppe am Counter lächelte freundlich. Mal wieder ein frühes 1:0 für Günter. Und jetzt ganz geschmeidig ins Finish: »Schauen Sie bitte noch einmal nach, ob nicht doch vier Fensterplätze für mich und meine beiden Kollegen …« Heri, Delle und Waldi nickten ungeduldig, wir waren mal wieder spät dran. Letzter Aufruf für die Mittagsmaschine, Destination Mallorca, mit der Nationalelf zum Länderspiel gegen die Spanier, Trollinger hatte uns eingeladen. »Packt die Koffer, Jungs. Meier-Röhn hat 'ne Finca für die ganze Bande gemietet!« Alles klärchen, wir sofort für drei Tage gebucht. Ilse hatte zwar gemeckert, aber manchmal spinnt sie ja: Bleibe doch nicht zuhause, bloß wegen Silberner Hochzeit. Stattdessen schön auf Malle die Beine hoch, Batterie Pilsmöhren kalt gestellt, Vollpensionat für lau im Mannschaftshotel und abends Parole Höschen. Denn Röhni hatte immer ganz exquisite Perlen am Start, Beine bis zum Polarstern. Und Ehrensache, wir natürlich perfekt vorbereitet. Waldi hatte am Samstag bei Atze Friedrich im Räumungsverkauf für die komplette Stammelf extrem lässige bunte Hemden und Sonnenbrillen besorgt. Très chic. Da ging einiges, kein Zweifel. Wir also den Flieger geentert, schön mit dem Ketchup durch die Röhre, Waldi vorneweg. Die Jungs in der ersten Reihe stöhnten gequält, na feinfein, da waren die ganzen Teetrinker wieder versammelt. Alle im

Klubanzug, die Schalterbeamten vom DFB, Sauerbier Meier von Borussia und die Spaßbremse Rummenigge. Sollte uns aber nicht stören, wir machten die Polo. »Heute Abend«, grölten wir nach hinten, »Oberbayern« echote es. Das waren Jeremies und Schneider, die Feier-Posse aus der letzten Bank, da waren wir goldrichtig. Wir knallten uns in die Sitze, während die Puppen vorne schon die Startgymnastik machten. Jetzt erstmal eine zur Entspannung. Delle schnorrte von Metzelder, Schnix Schneider gab uns Feuer, und wir machten allesamt ordentlich Glut. Kam natürlich gleich der Steward an und mopste sich: »Sie dürfen hier aber nicht rauchen.« Delle, nicht doof: »Doch, darf ich!« Konter vom Steward: »Nein, dürfen Sie nicht!« Der Spacko wurde langsam frech, das roch nach Ärger. Konnte er kriegen. »Noch so'n Spruch, Kollege, und du futterst demnächst aus der Schnabeltasse«, pflaumte Waldi, und Delle krempelte schon mal die Ärmel hoch. Einmal Backenfutter gefällig, der Herr? Doch der Kellner kniff natürlich, wieder mal typisch Lufthansa. Zwei Stunden später landeten wir. Die Mannschaft machte sich vom Acker, hatte ja einen Kick heute Abend. Uns holten Trollinger und Röhni mit dem großen Geländewagen vom Flughafen ab. »Habt ihr getankt?«, fragt Heri besorgt, Trolle grinste: »Kann man wohl sagen.« Man roch's. Ich tippte auf Williams Birne de Luxe, Delle auf Korn Cola: »Hoffentlich haben die uns überhaupt noch was übrig gelassen!«, zischte Delle wütend, während wir in Schlangenlinien zur Finca heizten. »Wonti und seine Bande sind schon seit Montag da«, erzählte Röhn. Wir waren wenig begeistert, Teflon auf Malle, das konnte ja heiter werden. Der war sicher nicht zum Golfspielen hierher gekommen, sondern wegen der Puppen. Da blieb doch hoffentlich noch was für uns übrig. »Ist Wonti denn wenigstens wieder nackt durch die Hotelloggia geturnt wie beim letzten Mal?« Wir bückten uns ab vor Lachen. Dann waren wir auch schon da. Von weitem hörten wir den Höllenlärm. Es war früher Nachmittag, die Party war offenbar schon in vollem Gange. Während wir einparkten, ging die Terrassentür auf, Wonti kam mit zwei verschärften Bunnys an den Gichthaken aus dem Haus und machte dick einen auf Hausherrn. »Na, Kinder«, rief er zu uns herüber. »Kommt ihr auch noch? Jetzt, wo die Party schon vorbei ist.« Die Mädels kicherten, Wonti bleckte die Zähne. »Was ist los mit dir, Wonti, noch gar nicht nackt?« Wonti grinste nur: »Später, Leute, später.« Trollinger zog uns ins Haus. »Heute feiern wir richtig«, rief er und umarmte mich lange, während die anderen gleich die Tanzfläche stürmten. »Verlieben, verloren, vergessen, verzeihen«, unser Cliquenlied. »Verdammt, war ich glücklich«, summte Trolle neben mir und lehnte sich an meine Schulter. »Ach, Günter«, sagte er sentimental. Ich blickte ihn fragend an. »Ach, nur so« winkte er ab. Ich schaute auf die Uhr. Noch zwei Stunden bis zum Anpfiff in Palma. »Müssen wir nicht langsam zum Spiel?«, fragte ich in die Runde. »Hä, welches Spiel denn?«, fragte Trollinger zurück und rülpste. Wir mussten herzlich lachen.

23

Wie wir die neue Perle von Olli begutachteten und dennoch vor der Presse dicht gehalten haben

DREIERKETTE MIT DELLE

Wir waren mal wieder lässig unterwegs, die Posse und ich. Delle hatte die Stretch von Fedor klargefahren und wir lümmelten uns geschmeidig in der Ledergarnitur. »Nicht schlecht, die Moppe«, murmelte Waldi anerkennend und machte die Mauken lang. Ein Blick aufs Zeiteisen, alle Höllenhunde, schon zehn durch. Wir hatten noch einiges vor heute Abend. Erst bei Schumann ordentlich vorglühen, später waren wir mit Helmer und den anderen Kojoten im Pascha gedatet. Zunächst cruisten wir entspannt die Prinzregenten hoch. Die Nacht konnte kommen. Nicht lang schnacken, Kopp in Nacken! Wir schossen uns den Möt in die Ventile. Yeah, Baby, ab dafür. Plötzlich bremste Delle scharf. »Ja, leck mich fett«, brüllte er. »Das ist doch Olli da hinten.« Wir lugten neugierig aus dem Fenster. Tatsächlich, da war Kahn mit seiner neuen Perle. Es gab sie also doch. Wochenlang hatte uns Olli heiß auf die Alte gemacht. »Ist 'ne absolute Rakete, Leute«, hatte Kahn immer gesagt. Wir abgelacht für zwei. Aber er war wohl doch bei einer gelandet. Wir kannten die Braut natürlich, die Alte machte die Cocks im P1. Aber von wegen Rakete. Waldi schaute genauer hin: »Ist ja ganz gut im Futter, die Tante.« War eben ein echter Kenner, unser Waldi. Delle fuhr ganz nah an das Pärchen ran. Jetzt war die Clique in Hochform. Ich fuhr die Scheibe herunter, Waldi schnappte sich das Handy und beugte sich bis zum Gürtel aus der Stretch. »Olli, alter Fliegenfänger!« Yeah, das hörte er gerne. Dann schön laut ins Phone: »Jaha, Simone, der Olli ist mit uns unterwegs. Ich geb ihn dir mal!« Und ganz lässig Kahn die Funkgurke hingereicht. Treffer versenkt! Olli doof am gucken, wir die Scheibe wieder hoch und abgebückt vor Lachen. »Habt ihr gesehen, was der für 'ne Schnute gezogen hat?«, gluckste Waldi. »Und die Puppe erst!« Das kam von Delle. Wir fuhren jetzt gleich ins Pascha. Klaro, kleine Aufmerksamkeit für die Jungs an der Tür, 50 Steine pro Nase. »Na, habt ihr das Fass nicht dabei?«, fragte Pedro. Wir schüttelten den Kopf, Trollinger hatte Kopfschmerzen. »Na dann viel Spaß«, lachte Pedro und öffnete die Tür. Drinnen machten wir erstmal den Checkorello, aber Helmer und die anderen waren noch nicht da. Dafür hatte Delle Martina auf der Tanzfläche entdeckt. Ausgerechnet die alte Nervensäge. Wenn die erstmal aufdrehte, war Gerd wieder für den Rest des Abends ausgebucht. Waldi und ich schnell hin und Dreierkette mit Delle gebildet. Martina kriegte natürlich einen fetten XXL-Hals. »Haut ab, Jungs! Ihr nervt!« Mussten wir uns das bieten lassen? »Wer hat dich denn gefragt, Grabstein!« Guter Konter von Waldi, Martina war ja wirklich nicht mehr die Jüngste. Wir hakten Delle unter und enterten die Bar. Ein hübscher Feger stand an den Flaschen, da ging einiges, klarer Fall. Delle winkte das Püppi her und wir uns eine Batterie Rachenputzer reingezogen. Auf die Freundschaft, Prösterchen, runter mit der Suppe. Dann machte ich erstmal den Sittich Richtung Doppelnull, Stange

Wasser wegstellen. Ich gerade in der Keramik angekommen, stand plötzlich ein komischer Vogel neben mir. »Günter, alte Peitsche«, klopfte mir der Kollege auf die Schulter. Konnte ich ja gar nicht haben. »Alter, noch einmal deine Pranken auf meiner Schulter und es gibt ordentlich Backenfutter, klaro?« Der Scherge nickte, kam dann am Händefön aus der Deckung: »Sag mal, Günter, die neue Perle vom Kahn, ist das nicht die Moni aus dem Schumanns?« Der Kollege checkte ja rein gar nichts. »Guck mal genauer hin, du Patient. Das ist Verena, macht die Freitagstheke im P1.« Herr im Himmel, das war ein schmieriger Typ. Kriegte er gleich noch eine rein: »Mach mal 'nen Ölwechsel, Alter!« Aber da war der Kunde schon weg. Ich natürlich gleich wieder zurück zu den Jungs. Helmer und Jeremies waren inzwischen da. Wir gaben uns die hohe Fünf. »Schon die neue Perle von Olli gesehen?«, fragte Waldi. Helmer zog lange an seiner Zigarette: »Worauf du einen lassen kannst! Aber Klappe halten gegenüber Simone. Ist ja wohl Ehrensache.« Wir nickten. Keiner von uns würde plaudern. Gegen vier Uhr machten wir den Abgang. Keine vernünftigen Bunnys am Start. Als wir die regennasse Straße betraten, liefen wir an den Zeitungsverkäufern vorbei. Die Blätter von morgen, der Aufmacher kam uns bekannt vor: »Olli Kahn betrügt Ehefrau mit P1-Thekenkraft.« Und ein Pic von der Perle. Ich fluchte leise. Hatten die Jungs wieder nicht dichtgehalten. Wer da wohl geplaudert hatte? Würde ich schon rauskriegen. Ehrensache.

24

Wie wir den verstrahlten Kollegen Effenberg in Wolfsburg besuchten
und warum es gleich einen Satz heiße Ohren vom Trainer gab

ESELSKAPPE UND ZUNGENKOMPOTT

Wir blickten auf die Uhr. Leck mich fett, schon neune durch, dieser Vollkoffer, ewig die gleiche Nummer von Effe. »Macht euch ganz locker, Ladys, ich hol euch ab«, hatte der Kollege getrötet, aber weit und breit war nichts zu sehen von Effes Italo-Möhre. Trollinger rülpste, wir hatten ihn gewarnt, der letzte Scotch im Speisewagen hatte ihm den Rest gegeben. Wir waren vor einer Stunde aus Hannover gekommen, Töpperwien hatte Geburtstag gefeiert und, yeah, wir hatten es derbe knallen lassen. Die Puppen in Extase, Töppi am Zapfer, Waldi hatte blank gezogen – und zwar Vollmond! Keine halben Sachen! Und logo, ich wieder mal eine prämierte Perle am Start. Fünf Minuten Laberello, dann ab mit dem Rassehasen ins Séparée! Draußen hupte es. Endlich, das war Effe. Wir fuhren unser Gepäck klar, aber Waldi trödelte wieder. Endlich kam er, der Fuchs hatte noch schnell die neue Ausgabe von »Super-Möpse XXL« am Kiosk organisiert. Bingo, neu mit Mittelposter! »Hab ich im Abo«, winkte Delle müde ab. Dann alle Mann fetter Shake mit Effe, hatten uns schließlich lange nicht gesehen. Wir hievten Trollinger ächzend auf den Hintersitz. Noch ein Rülpser. Herrje, da kam Land mit! »Ein offizielles Statement des Fußball-Bundes«, grölte Waldi. »Nicht, dass der Kunde mir die Schonbezüge versaut«, wandte sich Effe besorgt an uns. Dann fuhr er langsam die Pferdchen warm. Die Sonne knallte durchs Fenster. Höchste Zeit für unseren Kollegen Ray Ban und seine Qualitätsprodukte. Waldi linste aus dem Fenster, die Wolfsburger Fuzo. »Selten hässliches Loch hier«, kommentierte er fachmännisch. »Wem sagst du das?«, gab Effe zurück. »Ein paar Wochen noch, dann mach ich den Abflug.« Er trat die Kiste jetzt richtig und mit achtzig Stundenkilos cruisten wir durch Downtown. Delle verteilte die letzten Kolben aus der Reisetasche und wir lehnten uns geschmeidig zurück. Die Clique war startklar, heute Abend war wieder Hasenjagd angesagt. Und dann waren wir da, ein Schuppen mit Lasertröte am Eingang. »Das Checkers«, erklärte uns Effe. »Der einzige Laden mit annehmbaren Puppen.« Trollinger rülpste. Es roch nach Williams Birne. »Hier lassen, den Komiker«, kommentierte Effe, und wir enterten ohne Troll das Checkers. Drinnen verschlug es uns die Sprache, eine alte Dorfdisco mit Ledersesseln. »Fehlen ja nur noch die Tischtelefone«, kommentierte Delle verächtlich. Effe schwieg betreten. Wir blickten uns um. Drüben am Billardtisch lungerte Reitmeier mit seiner Posse und kippte Korn Cola. Maric, der alte Kojote, und die anderen Jungs texteten gerade die Mädels an der Theke zu. Keine Chance, Kollegen, die Ladys sind Gefrierfächer. Präger hatte es besser, der rührte bereits Zungenkompott mit der Toilettenfrau an. Wir machten Tach mit Reitmeier. »Sieh an, die Hetzer-Clique«, sagte er lässig und fing sich prompt den feinen Konter von Delle. »Na, Claus, der Filz noch heile?« Wir bückten uns ab, alle wussten noch, wie Reitmeier damals die grüne Matte bei

Helmer daheim gelocht hatte. Thommy hatte getobt, der alte Bausparer. Reiti drohte mit dem Queue. »Gerd, pass auf, was du sagst!« Delle immer schön weiter am frotzeln, da verpasste ihm Claus mächtig eins mit dem Stock. Volles Mett, mitten auf die Zwölf, Delle machte sofort die Grätsche. Yeppa, das war das Signal, Alarm für Cobra 11, wir ließen uns nicht lange bitten und gingen drauf. Waldi semmelte Reitmeier mit Schmackes in die Gardinen, Effe verteilte Backenfutter an die Maric-Bande, ich hatte Roy lässig im Schwitzkasten und frottierte ihm sorgfältig die Rübe. Doch mitten in der schönsten Keilerei ein gellender Ruf: »Trainer im Anmarsch.« Von jetzt auf gleich war die Hauerei vorbei und die Wolfsburger Jungs in wilder Flucht. Effe ging hinter dem Billardtisch in Deckung. Und tatsächlich, plötzlich stand Röber hinter uns. »Jürgen, alte Peitsche«, kumpelte Waldi. Röber verzog keine Miene. »Kontrollgang! Irgendwelche Lizenzspieler hier?« Delle grinste: »Keiner, bis auf Effe unterm Billardtisch.« Röber beugte sich unter den Tisch. »N'Abend, Herr Effenberg! Morgen früh um zehn in meinem Büro!« Schon war Röber weg. Wir fein abgelacht für zehn. »Morgen kriegst du die Eselskappe, Alter!«, prustete Delle. Für Effe war der Abend gelaufen. Raus aus dem Schuppen und rein in die Moppe. »Keinen Tag länger bleibe ich hier«, schnaubte der Kollege und gab Gummi. Wir standen noch eine Weile am Straßenrand und blickten stumm ins regennasse Straßenlicht. Trollinger rülpste.

25

Wie ich eigentlich einen komplett gemütlichen Abend machen wollte
und es am Ende doch noch saure Nierchen gab

EFFES BUCHPRÄSI IM PASCHA

Mjamm, Ilse war doch ein Schatz. Hatte mal wieder saure Nierchen gemacht, meine Leibspeise, mit lecker Püree und rote Beete satt. Der Abend konnte kommen, erst die Nierchen, dann fein in der Kiste abliegen und Ilse turnen lassen, hehe. Das hatte sie sich verdient, war schließlich ihr Geburtstag. Aber zu früh gefreut. »Dengelengeleng«, ging natürlich gleich wieder die Möhre. Delle war dran, funkte vom neuen Daimler. »Günter, mach dich untenrum frisch. Buchpräsi von Effe im Pascha. Pflichttermin! Um neun an der Tankstelle!« Und weg war er. Ich natürlich fix die frische Buchse klargefahren und kurzen Checkorello im Spiegel. Blendend sah ich aus, heute war Puppenkiste angesagt. Aber Ilse, gar nicht doof, passte mich am Treppenabsatz ab. »Gibt gleich Essen, Günter!« Ich auch nicht doof: »Muss noch mit dem Hund raus.« Prima Ausrede, bin eben ein Fuchs. »Welcher Hund, Günter?« Gute Frage, eine Rolle vorwärts über den Läufer und ich war raus. Die Crew wartete schon am Zapfer. Waldi und Delle von der Stammelf, außerdem Heri, die alte Partybremse. Aber wo war Trollinger? »Pennt im Kofferraum«, sagte Delle nüchtern und trat das Gas ordentlich in Richtung Bodenblech. »Die Jungs hatten gestern Abend DFB-Sitzung und haben danach bei Meyer-Röhn auf dem Hotelzimmer ordentlich Gas gegeben. Mit Moni und Heidrun aus dem Alcazar.« Waldi pfiff anerkennend durch die Zähne. Röhni, der alte Haudegen. Musste man ihm lassen, der Kollege hatte immer verschärfte Püppis gebucht. Eine Viertelstunde später hielten wir mit dem Stern an der Paschapforte, natürlich mit Parkwächter Wolfgang Wichtig. Delle, ganz Profi, flexte die Scheibe runter und wedelte mit dem Passierschein. Wächter erst wichtig am Gucken, dann lässig am Abnicken. »Was hast du ihm gezeigt?«, fragte Waldi neugierig. Delle grinste: »Benutzerausweis Stadtbibliothek, 1999 abgelaufen.« Gewusst wie! Dann natürlich XXL-Schlange am Einlass. »Alle Höllenhunde, da warten wir ja ewig«, maulte Trollinger. Klarer Fall, da war wieder der gute alte Onkel Günter gefragt. Kurz die Lage gecheckt, und wer sagt's denn, Wonti und Beckmann hielten vorne die erste Startreihe. Na, die Jungs brauchten doch sicher jede Menge Verstärkung. »Einhaken, Mädels«, johlte Delle und die Posse mit geschmeidiger Polo am ganzen Wartesaal vorbei. Müller-Wohlfahrt, Platz 27, kriegte natürlich erstmal den ganz harten Hals. »Vordrängeln ist nicht.« Waldi gleich mal lässig zurück: »Mund zu, Buschdoktor, sonst gibt's was auf den Arztkoffer.« Und Heri hinterher: »Geh mal zum Friseur, du Mädchen!« Hehe, gut gegeben von Heri. Da war gleich Stille in der Praxis und wir erstmal die hohe Fünf mit Wonti und Reinhard. Am Eingang machte natürlich ein Scherge von der Sicherheit das ganz wichtige Gesicht. »Die Einlasskarten bitte.« Delle auf lässig: »Brauchen wir nicht, mein Lieber, meine Kumpels und ich sind Ehrengäste!« Ließ sich der Kunde natürlich gar nicht von beeindrucken. Ich kurz den Luchs in den Laden. An der Theke stand Mendelin. Den hatte Effe in der Legastheniker-Selbsthilfe kennengelernt. »Jan, alter Sechsenschreiber«, winkte ich. Mendelin kam näher. Na also, die Sache wäre geklärt. Aber Jan machte auf unlocker. »Die ganze Bande bleibt draußen«, kommandierte er, und schon waren die Jungs am Drängeln. »Wir gehen drauf, Leute«, schäumte Delle. »Die Kollegen singen alle bald im Knabenchor.« Aber klaro, keine Chance für die Clique, wir hätten derbe kassiert. »Abmarsch«, zischte Trollinger, »Trick 17, zweiter Eingang.« Also Schildkrötenformation und Rückzug. Troll führte uns an die Seitenwand, ein Fenster stand offen. »Hier geht's zur Küche.« Wir großes Hallo und alle Mann durchs Fenster, aber von wegen Küche, das war die Frauentoilette. Leck mich fett, jede Menge Rassehasen im Stall und alle am Kreischen! »Hallo Mädels«, grinste Trollinger, »keine Panik, sind nur auf Durchreise!« Bis auf Delle, der verschwand gleich mit einer Tante in der Box. Wir hingegen machten rüber zur Party und sahen uns um. Kerner war da, Frau Strunz und die ganze Münchner Posse. Und schau an: Moni Lierhaus, die alte Totentrompete, hockte schon wieder an der Theke und kippte halbe Liter Apfelschorle. »Ein Fall für den Inspektor«, grinste Waldi und marschierte rüber. Troll und ich machten es uns gemütlich, Schuhe aus, Füße hoch und ordentlich Pilsmöhren in den Kopp. Trollinger rülpste. »Kollege, was gibt es denn am Büfett?«, fragte ich. Troll hob den Kopf: »Saure Nierchen mit Püree.« Ich hob den Daumen und grinste. Mjamm, lecker.

26

Wie Trollinger sich im Planschbecken frisch machte
und Schweini uns seine Cousine vorstellte

IM POOL MIT SCHWEINI

Ein kurzes Klacken, dann fuhren wir offen. Leck mich fett, Delles neues Sportschau-Cabrio hatte es in sich. Ich lehnte mich lässig zurück und ließ den Sommerwind meine Haare streicheln. Delle gab den Pferdchen mächtig die Peitsche und mit 180 Durchschnitt semmelten wir runter zum Weiher. Dort angekommen, griffen wir uns den Freezer mit den Steaks aus dem Kofferraum und marschierten zum Sommerquartier der Clique. Am Strand blickte ich mich um, die Jungs waren schon komplett angetreten. Waldi lag mit einer neuen Perle in der Hängematte, Heri grüßte matt von der Luftmatratze und Beckmann schaufelte gerade neue Bräter aufs Gitter. Aber wo war Trollinger? Waldi und Heri zuckten mit den Achseln, da tauchte plötzlich Trolls Kopf zwischen den Bierflaschen im Planschbecken auf. »Kurz mal frisch gemacht«, grinste der alte Fuchs. Delle hatte sein Boccia-Set mitgebracht. »Lust auf 'ne Partie, Jungs?« Die Clique stöhnte: »Nicht schon wieder Boccia.« Waldi gähnte und auch Beckmann winkte ab. »Lass mal, ich kümmere mich lieber um andere Kugeln!« Köstlich, der Reinhold wieder. Und war ja auch was dran. Seit Ende Juni chillten wir nun schon lässig am Baggersee, feine Bierchen eisgekühlt im Planschbecken und jeden Morgen ab zehn Uhr verschärfter Hasenalarm. Delle und ich hatten schon zwei Abschüsse zu vermelden. Mädchengymnasium, Abschlussklasse, die Partycrew natürlich sofort rüber und die Klassensprecherinnen für abends gebucht. Hehe, if you know, what I mean. Später hatte Waldi auch zugepackt und sich, ganz Old-School-Style, erstmal die Lehrerin gegriffen. »In Handarbeit auf jeden Fall 'ne glatte Eins«, war Waldi hinterher am Grinsen. Wir uns natürlich alle mächtig abgebückt und hinterher die hohe Fünf. Unbezahlbar, der Mann. Becks Grill machte inzwischen höllisch Nebel, aber zog alles schön rüber zur Kompanie nebenan. »Bewölkte Stimmung drüben«, kommentierte Waldi und prompt kam auch schon einer von den Vögeln an. »Könnten Sie den Grill bitte ablöschen«, fistelte der Kollege. »Bitte ablöschen ...«, äffte Heri ihn nach, und Delle gleich hinterher: »Mach'n Abgang, Mofagesicht, sonst lösch ich dich gleich ab.« Gut gegeben, Delle, hätte von mir sein können. Der Fistelherbert machte sich dünne, kam aber gleich mit seinen ganzen Cousins zurück. Grundgütiger, ein Riesenhaufen Biobauern. »Na, da haben wir ja das ganze Dorf beisammen«, kommentierte Delle grimmig. Doch gerade als wir den Kollegen das Esszimmer neu tapezieren wollten, bimmelte der Fernsprecher in meiner Jacke. Delle ging ran und reichte mir dann fragend den Kolben. »Schweinsauge oder so ähnlich ist dran.« Wer mochte das sein? »Hetzer«, meldete ich mich. »Servus, Günter, der Schweinsteiger Basti hier«, dröhnte es aus der Muschel. »Fette Party heute in der Säbener, Hintereingang, zweimal klingeln.« Yeah, das ließ sich doch gut an. Schweini hatte mal wieder das Bayern-Quartier klargefahren. Ich steckte das Handy weg und wir servierten die Dorfgemeinschaft ganz lässig ab. »Das nächste Mal gibt es heiße Ohren, Jungs!« Wir knallten fix zu Waldi nach Hause und machten uns fein für abends. Ich gab meinem durch den Fahrtwind strapazierten Haar eine dicke Kurpackung, und Heri hing lässig den Schlauch ins Bidet. Nach »Wetten, dass ...?« und Sportstudio cruisten wir zur Säbener. Schweini erwartete uns schon am Hintereingang und legte den Finger auf den Mund. »Ganz leise, Jungs, sonst macht der Wachschutz Ärger!«, bedeutete er und führte uns geräuschlos in die Kachelsuite. Dort tanzte der Bär schon im Kettenhemd! Olli und Verena relaxten mit armdicker Tüte im Pool, Giovane schäkerte mit zwei brandheißen Babes aus dem Pascha und Didi Kürten hatte echte Chancen bei der Thekenschnecke. Der alte Kater läßt halt das Mausen nicht, hehe. Doch als wir gerade Flachköpper zu den Mädels in den Whirlie machen wollten, war mächtig Alarm, die Security im Anmarsch, mit Wauwau Hopfner und Aumann vorneweg. »Hier entlang«, zischte Olli, und wir türmten mit Kahnemann und seiner Perle durch das Kellerfenster. Hinter uns drängelten Giovane und Kürten. »Schneller, Jungs«, kicherte Didi. Dann waren wir raus. Der einzige, den sie erwischten war Schweini. Im Pool mit seiner Cousine. »Dass ich nicht lache, von wegen Cousine«, kommentierte Ilse rügend am nächsten Morgen und warf die Zeitung auf den Küchentisch. Wie Recht sie hatte. »So was hätten wir uns früher nicht erlauben dürfen«, schnurrte ich. Ilse lächelte. »Das will ich meinen, Günter!«

27

Wie wir mal wieder bei der Sportschau aufplatzten
und warum sich Onkel Pleitgen einen neuen Parkplatz suchen sollte

ANNE WILL! WIR AUCH!

Yeah, ich hatte es mir auf dem Kanapee so was von gemütlich gemacht. Ilse hatte in der Küche gezaubert, lecker Schnittchen mit mächtig Dill und Pipapo. Ist doch ein Schatz, die Ilse, und ich beschloss, öfters mal wieder daheim mit der Gattin auf dem Sofa zu chillen. Man wird ja auch nicht jünger. Neulich erst hatte mich eine Perle im »Monique« doch glatt Onkel Günter genannt, da war der Abend natürlich komplett gelaufen, trotz Schlammbowle und lässiger Breakdance-Einlage von Waldi. Herzhaft biss ich ins Schnittchen, da stand plötzlich Ilse im Türrahmen und machte eine Schnute wie sieben Tage Regenwetter. »Mäuschen, was gibt es denn«, fragte ich besorgt. Hoffentlich war die Herdplatte nicht kaputt. Stattdessen warf sie mir das Phone auf den Plüsch. »Der Delling am Apparat.« Ilse klang angewidert. Ha, schnaubte ich, ausgerechnet Delle. Mit dem hatte ich noch ein Hühnchen zu rupfen. Meister Gerd hatte sich nämlich verdammt rar gemacht in den letzten Wochen. Schaumparty im Alcazar, Stammtisch bei Waldi, Singlesause im »Chez Nous«, absolute Pflichttermine für die Clique, aber wer war nie da? Dellomat Superstar! Hockte lieber mit Beckmann und dem ollen Streber Simon im Studio. Wahrscheinlich waren die Kollegen noch schwer am Tüfteln, ob sie das Spitzenspiel mit zwei oder drei Kameras filmen. »Hetzer«, meldete ich mich gelangweilt. »Parole

Höschen, Günter«, rief Delle am anderen Ende. »Trollinger holt dich gleich ab, Sportschau-Party beim WDR. Und Hostessen satt, Alter, da geht was!« Schon hupte es draußen vor der Tür. Opti, jetzt ging's los! Ilse schaute aus dem Fenster und rief erstaunt: »Das ist doch der Gerhard!« Konnte leider nicht mehr antworten, war nämlich schon auf dem Weg downstairs zu den Jungs in der Stretch. Trollinger kurbelte das Fenster runter. »Parole?«, fragte er grinsend, ich warf mich auf den Beifahrersitz und trötete: »Anne Will!« Von hinten echote es: »Und wir auch!« Ich blickte mich um und nickte zufrieden, die Kojoten waren wieder vollzählig. Waldi lötete Schwarzbier, während Heri die Weinbuddeln von der Tanke leer machte. Troll hingegen war schon auf Pegel, wenn er die Kiste ordentlich trat, klimperten zwischen seinen Mauken die Flachmänner. Ab dafür, Troll! Eine Stunde später knallten wir auf den WDR-Parkplatz und blockierten gleich mal feist die Box von Fritzi Pleitgen, hehe. »Rückwärts ausparken kann der Vogel ohnehin nicht«, kommentierte Waldi. Wir also fix raus aus der Kiste und bei den WDR-Mädels ordentlich Puffbrause abgegriffen. Im Studio allerdings war noch Malefiz-Abend. Immerhin, die ganze Bande von »ran« war da. Wonti und Welke chillten mit Jungs vom Hörfunk in der Sitzecke und reichten die Tüte weiter, Breuckmann holte gerade ordentlich Glut aus dem Kraut. Wir natürlich erst mal hin und Destination Wonti: »Na, schon Bewerbung losgeschickt? Als Kabelhilfe für Beckmann?« Köstlicher Gag, selbst Welke bückte sich ab, aber Wonti Spaßverderber kriegte natürlich gleich den gaaanz dicken Hals. »Schnellen Abgang, Jungs!« Nebenan stocherte Dahlmann lustlos im Büfett. »Was für ein Fraß? Hat die Alte aus der WDR-Kantine wieder Depressionen?« Aber da kam Delle schon mit weit ausgebreiteten Armen auf uns zu. »Günter, alte Hecke, da bist du ja endlich.« Wir machten die hohe Fünf und ließen die Kelche klirren. Nicht lang schnacken, Kopp in Nacken! Aber wo waren die versprochenen Hasen? »Kommen noch, Günter«, beruhigte Delle. »Habe das komplette Ballett aus dem Alcazar gebucht. Scheckheftgepflegt, die Damen. Aber erstmal müssen Pleitgen und die ganze Bypass-Bande den Abgang machen. Die kriegen ja einen Infarkt.« Aber, alle Höllenhunde, das konnte noch dauern. Pleitgen schwätzte mit den Rentnern vom Aufsichtsrat und kippte fleißig Pellegrino. »Alter Langweiler«, knurrte Delle und kippte Sekt nach. Plötzlich kam mir eine feine Idee. Ich checkte mit Waldi schnell auf der Doppelnull ein, und während der Kollege abschlug, wählte ich die Nummer vom WDR-Empfang. »Könnten Sie Herrn Pleitgen bitte ausrichten, seine Gattin erwartet ihn daheim, die Rouladen sind angebrannt.« Waldi lachte hämisch aus der Pipibox. Als wir rauskamen, hatte sich Pleitgen schon dünne gemacht. Bingo! Die Party konnte losgehen. Plötzlich aber kam Delle schlecht gelaunt auf uns zu und knurrte: »Irgendeine Vollpfeife hat Pleitgens Benz zugeparkt. Fritz hat dreihundert Puls, kommt gleich wieder hoch.« Wir ballten die Fäuste und schworen, wenn wir den Trottel erwischen, dann gibt's Backenfutter. Aber kräftig.

28

Wie Waldi die erste Runde Franziskaner ausgab
und Horny Mike den Tugendwächter mimte

MINERALWASSER STEHT HINTEN LINKS

Hut ab, Waldi war schon ein echter Checker. Machte uns allen noch was vor, der Bursche. Hatte doch glatt den feinsten Stoff im Samsonite. »Zwanzig Flaschen Franziskaner Weißbier«, grinste er und ließ den Verschluss wieder zuschnappen. Wir hatten uns mit der ganzen Bande am Flughafen getroffen, Destination Reykjavik, Länderspiel gegen Island. Eigentlich ja eine stinklangweilige Nummer, perfekt fürs ZDF. Aber Reinhold machte am Vorabend mit Ramelow und Schnix Schneider eine fette Party im Mannschaftshotel, da konnten wir nicht fehlen. Ich blickte mich um, alle Mann an Bord, sogar Heri hatte von seiner Alten Ausgang gekriegt. Und wer sagte es denn, da kam auch Trollinger durch die Eingangshalle gewankt. »Hoch soll er leben«, dröhnte es durch die Halle, »dreimal hoch.« Hatte er es also doch noch geschafft. Das hatte am Abend vorher ganz anders ausgesehen, wir hatten derbe im »Pony« abgefeiert und auf der Tanzfläche Miss World und ihre Kolleginnen angetanzt, brandheiße Rassehasen, frag nicht nach Sonnenschein. Nur Troll hatte mal wieder die Grätsche gemacht und eine ordentliche Calzone vor die Theke gelegt, nach gerade mal zehn Wodka und acht Fernet. Der Kollege vertrug wirklich überhaupt nichts mehr. Die Jungs von der Sicherheit hatten ihn dann zu viert rausgetragen und in einer Parkanlage entsorgt. Letzter Aufruf für die Clique, mit einer flotten Polo ging es durch die Osama-Schranke und ab in den Flieger. Klarer Fall, die ganze Bande in die letzte Reihe, Delle verscheuchte noch fix zwei japanische Touristen, dann gab Waldi die erste Runde. Mjam, lecker Franziskaner. Zwei Stunden später landete die Maschine in Reykjavik, wir hatten ganz ordentlich weggelötet, und Troll brauchte wieder Hilfe beim Gehen. Reinhold wartete schon unten am Counter, Charter ins Mannschaftshotel und Lagebesprechung: »Schon Puppen am Start?«, fragte Delle neugierig. Reinhold lachte: »Noch untertrieben, Kollege, die Mädels stehen Schlange an der Rezeption. Aber Skibbe lässt sie nicht rein.« Nicht zu fassen, Horny Mike machte auf Tugendwächter. Im Hotel warfen wir die Koffer aufs Bett und machten uns untenrum frisch. »Troll hängt sich wahrscheinlich den Dufttannenbaum in die Buchse«, frotzelte Delle. Dann ging es endlich runter in die Bar zur Party. Im Aufzug kam uns schon Ramelow fröhlich mit Korn Cola entgegen: »Schau an, die Spaßbremsen von der ARD. Mineralwasser steht hinten links.« Super Spruch, als Belohnung gab es von Waldi einen satten Tritt in die Familienplanung. Ramelow machte das Klappmesser, und Waldi schnauzte dem Kollegen ins Ohr: »Solche Sprüche kannst du bei den Weicheiern von RTL kloppen. Hast du das verstanden, Bambi?« Ramelow ächzte nur. Im Partyraum war schon die Hölle los, Ballack tanzte Limbo mit zwei Professionellen, auch die anderen Kojoten waren gut dabei. Nur Rudi stand noch lustlos an der Theke. Wir alle Mann hin und die hohe Fünf mit Käthe. »Rudi, was macht die Qualifikation?« Standardwitz, kam von Waldi. Rudi grinste säuerlich, ließ sich noch einen doppelten Bacardi nachschenken und zeigte dann auf eine Tanzmaus, zwei Meter Luftlinie. »Wie heißt die Braut?«, fragte er neugierig. Wir blickten rüber, alter Schwede, die Hostess war wirklich Güteklasse A, Beine bis zur Deckenlampe. Heri pfiff anerkennend durch die Zähne, winkte dann aber ab: »Kenn ich vom letzten Mal, die lässt nur den Portier ran.« Rudi knirschte mit den Zähnen: »Das wollen wir doch mal sehen!« Er machte rüber zum Püppi und fuhr das volle Programm. Aber keine Chance für den Teamchef, die Alte war ein Gefrierfach, drei Sterne. Als Rudi zurückkam, gab's erstmal von der Clique ein Ständchen: »Es gibt nur ein Rudi Völler!« Käthe, stinksauer, machte auf schwer beleidigt: »So einen Scheißdreck höre ich mir gar nicht erst an.« Dann kam das Beste: Delle marschierte rüber, kurze Quatsche mit dem Babe, dann Küsschen und Daumen hoch von der ganzen Bande. Rudi kochte: »So ein Mist«, und machte mit roter Birne den Abgang. Hehe, der Teamchef. An der Tür stieß er mit Waldi zusammen, der für Delle und mich von oben drei Weißbier besorgt hatte. »Rudi, schon ins Bett? Sesamstraße nicht verpassen?«, lachte der Kollege. Aber Rudi schnaubte nur. »Was war denn mit dem los?«, wunderte sich Waldi. Wir winkten ab und ließen die Flaschen klacken. Bis morgen würde sich der Knabe schon beruhigt haben.

29

Wie Sir Erich vergeblich auf Zombie-Forellen wartete und Delle schließlich einen schmackhaften Autoreifen fing

FUCKIN' FORELLE FÜR RUDI

Noch mal fix die Ausrüstung gecheckt. Rute und Rolle, Trockenfliegen satt, Blinker, alles da! Bingo, Günter! Unten hupte es Sturm. Ich linste aus dem Fenster. Trollinger hatte den Daimler lässig in den Zierrosen von Meyers nebenan geparkt und beugte sich aus dem Fenster. »Günter, mach hin!« Blick aufs Zeiteisen, Troll hatte Recht. Um fünf mussten wir am Teich sein, sonst machte uns der Pächter die Hölle heiß. Ich hechtete die Treppe runter ins Parterre, kurz noch die ganz lange Zunge für Ilse, dann machte ich den Spider im Flur. »Hier kommt Forellenkönig Günter!« Die Clique grölte und schlug ordentlich Lärm auf dem Außenblech. Wir fuhren diesmal Kolonne mit drei Wagen. Der Party-Daimler mit Troll, dann der Scorpio mit Hotte Hrubesch und seiner Dorsch-Crew und hinterher der Rentner-BMW mit Udo Lattenstramm, Rudi und Ribbeck. Ja, Kinder, man lacht, aber kein Spruch, Sir Erich hatte letztes Jahr zentnerweise die Zombie-Forellen an der Angel, keinen unter 50 Zentis. Wie er das gemacht hat? Keinen blassen Schimmer! Natürlich war auch dieses Jahr die Posse komplett angetreten, Ehrensache. Unser jährlicher Angeltörn »Blinker links« war schließlich der Geheimtipp in der Szene. Lauter Fachkräfte, keine Süßwassermatrosen, keine Beckmanns, keine Kerners! Und dieses Jahr war sonnenklar: Wir gingen auf Aale und Hechte! Und auf kapitalen Zander,

Ladys! Troll heizte mit der Karre um die Ecke. An der Tanke wartete bereits Heri mit Gepäck. Aber alle Höllenhunde, der bizarre Patient hatte von seiner Perle den Ostfriesennerz verpasst bekommen, die bittere Variante ohne Löcher für die Arme. Klarer Fall, damit kam der Kollege nicht ins Auto. Troll kurbelte das Fenster runter. »Alter, zieh den Fummel aus. Wir machen doch keine Wattwanderung!« Heri pellte sich aus dem gelben Tuntenrock und warf sich auf den Hintersitz. »Meine Alte hat mir das Teil aufgezwungen«, stöhnte er, »sonst hätte ich nicht weggedurft!« Wir grölten. »Die schüttelt dich wahrscheinlich noch jeden Morgen in die Strumpfhose«, gluckste Waldi. Hinten rechts protzte Delle derweil mit seiner Rolle von G-Matic. »Die ist präzisions-kugelgelagert, Leute, mit Rücklaufsperre und feinem Sound. Mit dem Teil zieh ich locker Moby Dick aus der Pfütze!« Wir schnaubten entrüstet. Gerd hatte es gerade nötig. Troll gab ihm gleich mal einen mit. »Beine stillhalten, Käpt'n, gehst doch garantiert wieder nur auf Stichlinge!« Hehe, lässiger Text! Die Crew bückte sich komplett ab. Delle war nämlich letztes Jahr als Schneider vom Wasser gegangen. Vorher die ganz große Klappe, hinterher leerer Eimer! Die Forellen hatten sich über Delles Kunstköder wahrscheinlich halbtot gelacht. Und wir natürlich nur Zweiter geworden, Erich und sein Team waren nicht zu schlagen gewesen. Aber diesmal würde Onkel Günter die Forellen im Minutentakt aus dem Wasser ziehen. Ich sag nur Blutköder. Zwei Stunden später waren wir am Teich. Troll parkte geschmeidig ein, im Kofferraum klapperten die Bierkisten. Wir hatten zweihundert Einheiten dabei und heute war strikte Nachtwache angesagt, sonst würden wir morgen mit den leeren Kolben bowlen können. Kannten ja schließlich Udo und Erich. »Los geht's«, kommandierte Waldi und schnappte sich seine Rute, die Posse folgte ihm. Auch die anderen Besatzungen machten sich startklar. Und logisch, derbe Hektik bei Paroli-Hotte, der Vollkoffer hatte aus Versehen seine Hochsee-Ausrüstung mitgenommen. »Kollege, wo willst du denn hier dein Schleppnetz auswerfen? Bleibst du mit dem Kutter heute Nacht draußen?« Hrubesch schnaubte nur. Eine halbe Stunde später hatten wir alle Ruten klar und die Blinker tanzten friedlich im Wasser. Wir ließen die Kolben aneinander klacken und legten uns ins Gras. Lässig chillen und ab und zu einen Prachtkerl an der Angel, so konnte das weitergehen. »Hab einen«, rief Delle plötzlich und ließ die Rolle tanzen. Die Rute bog sich, aber Delle hielt kräftig dagegen. »Leute, was für ein Fang!«, frohlockte er. Und, in der Tat, was für ein Fang! »Diagnose Autoreifen«, kommentierte Troll grinsend und reichte mir einen Kolben. »Wenn du noch drei fängst, zieh ich gleich Winterreifen auf.« »Hab auch einen«, rief Erich plötzlich und zog einen Zander aus dem Wasser. Und gleich hinterher noch einen. Und eine fuckin' Forelle. Rudi, Udo und der Sir klatschen sich ab. Wir schwiegen grimmig. Dann knallte die Clique entschlossen die Flaschen aneinander. Ein heiliger Schwur: Nächstes Jahr packen wir Erich. Dann gehen wir auf Aal.

30

Wie Franz das große Fass aufmachte, weil seine Alte geworfen hatte
und warum der Kaiser besser das Babyfon ausgeschaltet hätte

BABYFON UND PLAUDERWASSER

Günter, kommst du?« Ilse klang genervt. »Jaha«, flötete ich in den Flur. Dann nahm ich die Lesebrille ab, faltete gemächlich die Zeitung und schlüpfte langsam aus meinen Filzpantinen. Ich hatte es so was von überhaupt nicht eilig, schließlich waren wir wieder mal bei den Beckmanns zum Fondue eingeladen, und Reinhold hatte sicher schon für hinterher die Spielesammlung aus der Schrankwand geholt. Klarer Fall, spätestens um zehn war Abmarsch ins »Pony« angesagt, absoluter Pflichttermin. Da ging was heute Abend, Heri hatte die Gästeliste klargemacht und jede Menge Hostessen, ganz leichte Beute für Onkel Günter. Plötzlich bimmelte die Möhre, Delle meldete sich aus dem Daimler. »Alter, hab 'ne geschmeidige Premiumparty in München am Start. Franz macht das ganz große Fass auf, seine Alte hat geworfen«, trötete der Kollege. Aus dem Hintergrund rülpste es vernehmlich, Bingo, Trollinger war also auch mit von der Partie. Ein Blick aufs Zeiteisen, halb acht durch, wenn Delle die Kiste ordentlich in Richtung Süden trat, konnten wir in zwei Stunden in München sein. Schon eine halbe Stunde später waren wir auf der Autobahn, Delle ließ die Pferdchen tanzen, während Troll und ich hinten den Kasten leer machten. Delle hatte Schwarzbier gebunkert, Junge, das Zeug zog ganz schön in den Schläuchen. Troll hatte schon wieder mächtig Glasaugen und machte prompt ein Nickerchen. »Kein Wunder, der Kunde hat mir vorhin die ganze Fernet-Batterie gekillt«, kommentierte Delle, gab der Karre noch mal einen ordentlichen Tritt und versägte mit 200 Stundenkilos und Lichtorgel über rechts einen Omega. Ein bizarrer Patient, hatte höchstens hundert drauf und machte plötzlich richtig Speed auf der Außenbahn. Prompt hatten wir die Todeskelle vor der Linse, die Jungs von der Trachtengruppe, nächster Rastplatz raus. Da kamen sie dann auch gleich angewackelt, zwei Schnauzbärte mit Wolfgang-Wichtig-Gesicht. »Die Fahrzeugpapiere und den Führerschein hätte ich dann gerne mal gesehen«, machte sich der Ältere mopsig und der Jüngere kam auch gleich aus der Deckung: »Wir müssen gegen Sie wegen deutlich überhöhter Geschwindigkeit ermitteln.« Delle schob dem Altschnauz einen Fünfziger in die Jackentasche. »Ermittlungen ergebnislos eingestellt«, kommentierte der Wachtmeister grinsend und tippte seinen Finger an die Mütze. »Allzeit gute Fahrt.« Delle trat kommentarlos auf die Pedale und wir bretterten an den beiden Wichtigtuern vorbei, schließlich waren wir verdammt spät dran. Um elf fuhren wir dann endlich am Pascha vor und parkten lässig die Feuerwehreinfahrt zu. Waldi hatte draußen auf uns gewartet und, klarer Fall, wie immer eine geschmeidige Dreierpolo an der Warteschlange vorbei. »Hier fliegen gleich die Löcher aus dem Käse«, summte Delle unser Cliquenlied, und Waldi fuhr an der Theke die ersten Wachmacher klar. Wir blickten uns um, von Franz und seiner Perle keine Spur, dafür aber die ganze Bayern-Posse mit den

Thekenmäusen aus dem Atomic. Die Bräute hatte wahrscheinlich Mehmet klargefahren. Wir machten die hohe Fünf mit Schweinsteiger, der Kojote hatte tatsächlich wieder seine Cousine aus dem Whirlpool dabei. Schwimmflügel brauchte die junge Dame jedenfalls nicht. »Und diese Ähnlichkeit«, kommentierte Delle. Schweini grinste nur und verschwand mit der Puppe im Séparée. Inzwischen war natürlich verschärfter Hasenalarm an den Tanzstangen. Delle gleich rüber und der Tagesschönsten lässig zugezwinkert. Aber die Perle gar nicht doof: »Hast du ein Augenleiden, Opa?« Hehe, gut gegeben. Später trafen wir dann auch Franz mit Gattin: »Schön, dass ihr kommen konntet«, gurrte Heide. Fanden wir auch und prosteten den beiden zu. »Wunderschön, das junge Glück«, zischte uns Waldi hämisch ins Ohr. Aber Mutti Heide hatte leider Plauderwasser getrunken und textete uns glatt 'ne Friko ans Ohr. Kein Entkommen, Babykleidung, Stubenwagen, die Preisklasse. Bis Franz seine Perle fein ausbremste: »Schatz, erzähl uns das doch, während du dir was zu trinken holst!« Yeah, ganz die alte Libero-Schule. Während Heide den Sittich in Richtung Theke machte, fummelte Franz am Babyfon herum. »Auf Kanal 3 kriege ich manchmal Polizeifunk«, lachte er. Wir grinsten höflich und dann war Nervensäge Heide auch schon wieder da. Franz rollte die Augen und brachte uns noch zur Tür. Aus dem Babyfon quäkte es markerschütternd, der Kaiser drehte den Ton leiser. »Jungs, haut rein. Wir sehen uns dann auf der Weihnachtsfeier«, sagte er und grinste.

31

Wie wir bei der WM-Auslosung den Hummer vom Büfett fingerten
und Mike Skibbe hinterher tatsächlich mit ein paar Puppen durch die Tür kam

TELEKOLLEG AUSLOSUNG

So ging das weiter. Waldi scheuchte mit der Lichtorgel einen Mazda von der linken, dann trat er die Kiste noch mal richtig. Wir hatten uns den Benz von Röhne-Meier geliehen, der konnte in seinem Zustand eh nicht mehr fahren, und waren ganz gepflegt auf Schnapsbasis unterwegs. Trollinger hatte aus der DFB-Kantine Tequila ohne Sunrise klargemacht. »Ganz feines Stöffchen, Leute«, grinste er und schenkte der ganzen Besatzung nach. Prösterchen, Mädels! Puh, wir schüttelten uns, das Zeug zog mächtig die Buchse stramm. »Und einen hinterher«, kommandierte Troll herrisch, während er die Gläser wieder voll machte. Ich blickte mich in der Kutsche um. Waldi war Driver, hinten links machte Delle ein Nickerchen. War aber auch nötig, der Bursche hatte schließlich schon nachmittags mit Udo derbe gelötet. Klarer taktischer Fehler. Ich dagegen war mal wieder scheckheftgepflegt und startklar fürs Frankfurter Abendprogramm. Erst geschmeidig bei der WM-Auslosung den Hummer vom Büfett fingern, danach konnten die Mädels zum Superstar-Casting bei Onkel Günter antanzen. Nicht drängeln, meine Damen, jede kommt dran, hehe. Und wer sagte es denn, in der Festhalle war schon mächtig Hostessenalarm. Mehr Perlen unterwegs als im Diadem der Queen. Delle tanzte gleich mal das Playmate am Empfang an und fuhr die Karten für die Posse klar. Nur Klappspaten Hartmann hatte mal wieder unter »König Waldi« eingecheckt. Checkte das Rotkäppchen am Counter natürlich ewig nicht. Hinter uns die Jungs hatten schon alle einen komplett dicken Hals. Dafür ganz großes Finale von Waldi. Er so zu der Perle: »Merk dir meinen Namen.« Sie so: »Warum denn?« Er so: »Wirst ihn heute Nacht noch schreien, Baby!« Wir uns alle abgebückt und hohe Fünf mit der Clique. Dann enterten wir unter großem Hallöchen die Theke. Doch da lümmelten sich die Langweiler vom Ligaverband. »Bloß weg«, zischte mir Trollinger von hinten ins Ohr, »die ganze Bande hat ein Selters-Abo.« Wir machten den langen Schuh und einen Abstecher auf die Doppelnull. Dort war Hochbetrieb wie immer, Kalle Rummenigge fummelte mit einer Thekenkraft am Händetrockner. Da ging einiges. Wir feuerten den Kollegen natürlich gleich mal kräftig an, war Ehrensache! Troll gab den Takt an und wir alle mitgeklatscht: »Kalle, Kalle!« Rummenigge grinste nur: »Alles kann, nichts muss!« Nebenan rüsselten sich ein paar Patienten eine weiße Reise ins Hirn. »Schau an, die Schneeforscher, vollständig angetreten«, kommentierte Delle. Schließlich ging es los mit der Auslosung. Checkte ja wieder überhaupt keiner, welcher Pott mit welchen Losen. Und warum war bitteschön Deutschland nicht dabei? Sterbenslangweilig jedenfalls, die ganze Nummer. »Was ist das hier? Telekolleg Auslosung?« Das kam von Trollinger. Seppl Blatter nebenan guckte natürlich gleich wie zehn Jahre saurer Regen. Delle und ich machten nach fünf Minuten große Pause vor der Tür. Na, und wer speckerte schon am Büfett? Kollege Rudi! »Noch langweiliger als die Weihnachtsfeier in Leverkusen«, stöhnte der Kollege und warf dann einen Blick aufs Handy. »Eigentlich wollte Mike noch mit ein paar Puppen vorbeikommen.« Wir schnalzten mit der Zunge, das hörte sich doch fein an. Denn Skibbe hatte offenkundig beste Verbindungen. Letztens war der Mann mit einer extrem scharfen Braut im »Pony« aufgeschlagen, erst auf der Tanzfläche den Travolta gemimt, hinterher Heavy Petting im Séparée! Und wenn Mike diesmal auch an uns gedacht hatte, konnte aus dem müden Abend doch noch was werden. Fünf Minuten später kam der Kollege schon durch die Drehtür und machte auf Mädchenhändler. Hatte nämlich gleich fünf Ladys im Schlepptau. Delle und ich begriffen erst spät die Gefahr. Als wir die Bräute schließlich gescannt hatten, kam die eine schon an: »Gestatten, Maren Meinert!« Wir stöhnten auf. Auch das noch, die Frauenelf, da war sicher auch Birgit Prinz nicht weit. »Wir müssen wieder rein«, kündigte Delle hektisch an. »Die Auslosung wird gerade richtig spannend!« Also schneller Abgang in die Sanitärabteilung und tiefes Durchatmen bei allen. Da hätten wir ja beinahe die Todesgruppe erwischt.

32

Wie wir eigentlich nur im Wichtigbereich des Westfalenstadions chillen wollten und hinterher mal wieder große Politik machten

BILLIG-RAINER WILL ROSEN KAUFEN

Endlich ging es wieder los, Winterpause vorbei, die Clique klatschte sich ab, dann schnell durch die VIP-Schleuse. Westfalenstadion, Dortmund gegen Schlacke, der Klassiker, und wir natürlich alle Mann dabei. Fünf ist Trümpf, sogar Heri hatte sich vor dem Abendessen dünne gemacht. Rudi hatte uns Karten für den Wichtigbereich organisiert, aber natürlich gleich besorgt mit dem Stumpen gewedelt: »Diesmal benehmt ihr euch, Jungs!« Wir grinsten, schließlich konnten wir uns noch gut an letztes Mal erinnern. Wir hatten kräftig an den Flaschen gezogen und waren bei den Puppen an der Bar im Halbfinale, da waren uns die Jungs vom ZDF plötzlich chronisch gekommen, Betschwester Palme vorneweg. Wir hatten uns nicht lange bitten lassen und waren mit zwei Außenläufern draufgegangen. Delle hatte JBK die Krawatte gerichtet, und Palme hatte von Waldi die strenge Hand kassiert. Da war natürlich diesmal Revanche angesagt, Delle und ich hatten uns extra die Pfoten getaped. Aber das war noch hin, jetzt war erstmal Hallo bei Michi Meier im Office angesagt. Wir also hoch in den Fünften und die geheime Parole durch die Tür geflüstert. »Arbeitslos und eine Flasche Bier.« Prompt kam die gelallte Antwort durchs Eichenfurnier: »Das ist der S 04!« Meier öffnete ruckartig die Tür und wir erschraken. Der Kollege hatte den Mantelkragen hochgeklappt und eine halbvolle Flasche Nordhäuser unterm Arm, eine nasse Strähne hing ihm ins Gesicht. »Kommt rein, Jungs!« winkte Meier matt und schlurfte langsam zurück an den Schreibtisch, er zog das Bein nach. »Die letzten Stunden im Führerbunker«, zischte mir Delle hämisch zu, wir kicherten. Plötzlich schlug Meier lang hin und machte den Spider auf dem Perser. Troll schnüffelte kurz, dann die Diagnose vom Fachmann: »2,3 Proms. Der gibt heut' keinen Mucks mehr.« Wir drapierten Michi auf dem Sofa, da bimmelte sein Handy. Waldi griff nach der Gurke und meldete sich frech: »Meier am Apparat.« Wir bückten uns ab, Waldi wieder! Dann hielt der Kollege die Pranke vor die Muschel und flüsterte uns zu: »Das ist Hoeneß aus Berlin. Kennt einer von euch einen Spieler namens Billig-Rainer?« Wir schüttelten den Kopf. Nie gehört! Waldi grinste: »Den Mann kannst du haben, Dieter, sogar für umsonst.« Aufgelegt und abgelacht, Billig-Rainer, hehe. Und schon wieder war Alarm am Meierfon. »Ich bin dran«, winkte Troll aufgeregt und ging dran: »Meier hier.« Täuschend echt, Daumen hoch von der Clique. Dann ging es erst richtig los. »Wer sind Sie? Vader Abraham?«, lachte Troll. »Und was wollen Sie? Rosen kaufen? Wie wär's mit Fleurop?« Und aufgelegt. Troll schüttelte den Kopf. »Wer war denn dran?«, fragte Waldi und wischte sich eine Lachträne aus dem Augenwinkel. »Irgend so ein bekloppter Russe! Hieß Abrahamdingsbums!« Langsam wurde es öde, der Nordhäuser war längst alle, und wir machten den Abflug ins Parterre. Meier schnarchte noch auf den Kanapees, als wir uns verdünnisierten und den schnellen

Schuh durch die Katakomben machten. Schließlich war das Spiel schon vorbei, und wir waren mit Töppi im VIP-Raum gedatet. Ich funkte den Kollegen an: »Stell schon mal die Pilsetten kalt, sind in fünf Minuten da!« Rolf trompetete frech zurück: »Die warten hier schon auf euch, Mädels, aber nicht mehr allzu lange.« Wir legten einen Zahn zu, und wie wir gerade an der Dortmunder Kabine vorbei waren, wer kam raus? Herbie Fandel persönlich, zählte gerade die ganz großen Scheine nach. »Na, Herbert, die Fahrtspesen abgeholt?«, kam Waldi von der Seite. Fandel verzog keine Miene. »Hab getan, was ich konnte! Kann ich was dafür, dass die Vollspaten gleich zwei Elfer verballern?«, knurrte er und ließ die Scheine in der Hemdtasche verschwinden. Dann machte Herbie endlich die Knochen locker und hakte sich bei Delle ein. »Jetzt aber ab zur Theke.« Auf dem Weg zur VIP-Tribüne kamen wir am Pressebereich vorbei. Die Jungs hackten gerade die Schlagzeilen von morgen in die Matrix. Wir linsten ihnen über die Schultern. »Billy Reina: Wechsel zur Hertha« lasen wir und »Rosicky: Chelsea-Deal geplatzt«. Na, winkten wir ab, ob das alles so stimmte. Hätten wir doch was von mitkriegen müssen.

33

Wie Olli Kahn und Roberto Carlos beinahe auf der Doppelnull knutschten
und wir leider keinen Fotoapparat dabeihatten

EHRENSACHE FÜR OLLI

Kein Zweifel, da ging mehr. Lässig schwoofte ich zu »Ladies Night« an die Perle im kleinen Schwarzen heran, dann eine lässige Drehung um die eigene Achse und schon war klar: Ein absolutes Träumchen, das Mädel. Und jetzt das große Finale, ich ließ das Standbein erotisch wippen und legte die Führungshand dezent um die Taille ...

»Aufwachen, Günter«, hörte ich plötzlich eine Stimme und das Playmate entschwand in einem grauen Schleier. Ich öffnete mühsam das linke Auge. Über mir stand Waldi und grinste: »Alles fit, Meister?« Ich stöhnte und rieb mir den brummenden Schädel. Ganz langsam kam es mir wieder. Alle Höllenhunde, wir hatten es gestern profimäßig krachen lassen, ganz gediegene Kneipentour mit Trollinger und der ganzen Stuttgarter Posse. Der schöne Hansi war dabei gewesen, natürlich Felix, dann Kalle und Bernd und die anderen Bausparer aus Cannstatt. Mit Hansis brandneuem Cabrio waren wir durch die Stadt gecruist, hatten erstmal im »Suite« angedockt und sind gleich mal zum Warmmachen an die Theke. Troll natürlich ganz lässig »das Übliche« bestellt, der Barkeeper aber genauso lässig zurück: »Und was bitte ist das Übliche?« Köstlich! Hansi hatte sich beinahe verschluckt vor Lachen. Später waren wir dann derbe im »Perkins Park« versackt. Delle hatte kräftig mit der Ex von Röhnemeyer gezüngelt, während ich an der Garderobe bei einer Studentin punktete. Und zwar mehrfach, hehe! Aber nun gut, ich quälte mich von der Couch und blickte mich um. Wir waren in Trolls Stadtwohnung, soviel war klar. Draußen auf dem Balkon chillten Delle und Heri und holten ordentlich Glut aus der Tüte, drüben im Badezimmer grüßte Troll matt aus der Wanne. »Howdy, Günter. Im Freezer steht noch Weinbrand«, rief er herüber. »Stand Weinbrand«, korrigierte Waldi grinsend und deutete auf die Asbach-Batterie unter dem Couchtisch. Ich richtete mich ächzend auf, zog die Feinrippbuchse stramm und machte mich obenrum frisch, Mittelscheitel und ordentlich Odol zwischen die Kiemen. Von mir aus konnte es losgehen. Schließlich hatten wir heute noch einen Termin, Bayern gegen Real, Premiumplätze in der Säbener Lounge. Drei Stunden später war die Clique endlich startklar, und gemeinsam trugen wir Troll zum Benz. Kaum hatten wir den Kollegen auf dem Rücksitz notgeparkt, rülpste der Vorsitzende. Waldi schnupperte: »Schaschlik mit Weinbrand«, kommentierte er fachmännisch, wir schüttelten uns. Delle war Driver und wir knallten auf der A8 mit ordentlich Stundenkilos Richtung Munich. Zwischendurch Stopp auf der Raststätte, Jägerschnitzel mit Beilage, und Waldi drückte am Automaten noch fix die Sonnen hoch. Am Stadion angekommen, war natürlich wieder kein Parkplatz für unseren VIP-Shuttle frei. Kurzerhand zog Delle das Lenkrad herum, wir bretterten quer durch die Rabatten und parkten die Kiste vor der Feuerwehrzufahrt. »Da brennt nichts an«, lachten wir. Dann checkten wir ein und stiefelten durch den Kabinentrakt. Delle musste kurz mal für kleine Frauenhelden und trabte auf die Keramik. Doch plötzlich kam er wieder herausgespurtet und packte die Trompete aus: »Jungs, kommt mit! Olli Kahn und Roberto Carlos sind auf der Doppelnull!« Das waren doch mal RTL2-Action-News. Wir pirschten uns mit der Komplettclique an und lugten vorsichtig um die Ecke. Tatsächlich, an der letzten Box standen Kahnemann und der tückische Zwerg, beide fleißig am Tuscheln. »Gleich knutschen sie«, johlte Waldi. »Absolute Stille jetzt«, zischte Delle, und wir hörten genau hin. Olli so: »... Flanke könnte ich reinlassen.« Carlos so: »No.« Olli so: »Oder einen Elfmeter!« Carlos zornig: »No no!« Olli so: »... einen Freistoß?« Carlos zufrieden: »Si!« und drückte Kahn einen ordentliches Bündel in die Pranke. Der ließ die Peseten wortlos in die Unterbuchse rutschen und verschwand in der Box, Roberto marschierte in Richtung Ausgang. Wir machten hektisch den langen Schuh und bückten uns draußen ab. Da hatte sich Roberto aber übers Ohr hauen lassen. Kahn hatte fett kassiert und würde trotzdem keinen durchlassen. Schon gar keinen Freistoß. Ehrensache für Olli.

34

Wie wir die B-Jugend aus dem Wagen schmissen und uns beinahe die Schwallbacke aus Zollstock den ganzen Abend versaut hätte

DIE PEST VON KÖLN

Kein Zweifel, die Gören auf dem Rücksitz nervten langsam. »Schmeiß doch endlich einer die Kinder raus«, nölte Delle auf dem Beifahrersitz und warf einen vernichtenden Blick auf die Rückbank, wo Waldi seit 20 Minuten zwei Damen aus der B-Jugend schöne Augen machte. Wir hatten die beiden Perlen auf der Cebit aufgelesen, waren Hostessen an dem Stand, wo wir eine komplette Hauptschulklasse an der Konsole nass gemacht hatten. Kamen erstmal ganz geschmeidig rüber die beiden, aber nun kicherten Hanni und Nanni schon eine halbe Stunde am Stück. Wir waren hier doch nicht auf dem Ponyhof. Delle linste angestrengt in den Rückspiegel und erspähte plötzlich die Nummer 2 des Nationalteams. Wir parkten in dritter Reihe und Delle machte Winkewinke aus dem Fenster. »Olli, noch Platz in deiner Möhre?« Der Kollege enttäuschte uns nicht. »Klaro«, malmte Kahnemann und öffnete die Tür seines Cabrios. »Boxenstopp, Mädels.« Die beiden Hupfdohlen machten rüber, und ich gab Co-Pilot Delle die hohe Fünf. Yeah, die Klasse 6b wären wir los. Hinten hingegen war die Laune rauchig. »Menno«, maulte Waldi, »die beiden waren doch richtig nett.« Wir bückten uns ab. »Hattest du den Mädels schon deine Kriegsverletzung gezeigt«, frotzelte Delle. »Und deine Erlebnisse vor Verdun erzählt?« Waldi schmollte, wir lachten, und ich trat die Kiste kräftig Richtung Westen. Schließlich waren wir um acht mit Troll und Heri bei mir in Köln gedatet. Gegen halb neun bogen wir endlich daheim ums Eck und bretterten lässig über den Zierrasen von Nachbar Meyer zur Garage. Die Gattin wartete natürlich bereits am Zaun. »Günter«, jammerte Ilse, »dein Freund Trollinger hat schon drei Flaschen Eierlikör getrunken.« Delle und Waldi kicherten, und wir skandierten von draußen: »Trol-lin-ger!« Der Kollege öffnete das Küchenfenster und winkte huldvoll hinaus. »Kommt hoch, Jungs, gibt feines Likörchen.« Ilse stöhnte laut. Wir natürlich gleich die Treppe hoch und Shake mit Troll und Heri, der auch schon ordentlich gebechert hatte. Dann checkten wir fix die Kataloge, mussten schließlich für die Clique ein Top-Hotel für die Euro klarfahren. Wir waren alle heiß, vier Wochen Fussek, Pilsken satt und knackige Rassehasen am Pool. »Neue Badebuchse hab ich schon organisiert, und zwar diesmal mit Eingriff«, prahlte Heri, während Delle mit Ilses Lesebrille den Neckermann scannte. »Mädels, das klingt doch gut«, kam Gerd an. »Hotel mit Pool, all inclusive, alkoholische Getränke inbegri...« Delle kam nicht weiter. »Gebucht!«, skandierte die komplette Posse euphorisch. Heri blickte auf die Uhr: »Müssen los, Jungs.« Eine halbe Stunde später schon balancierte ich eine Batterie Kölschstangen zu unserem Tisch. Zeit für unsere neue Parole: »Gute Preise!«, rief ich in die Runde. »Gute Besserung!«, stand die Clique einstimmig bei. Wir blickten uns um. Na fein, drüben an der Theke stand die Pest von Köln mit seinen Dienern. Engels holte Bier, Löhr kostete vor. »Wolfgang, erzähl doch noch mal, wie toll du in den Siebzigern gespielt hast«, rief Troll hinüber. Overath verzog den Mund, als hätte er in eine saure Zitrone gebissen, und wir hielten uns die Bäuche. Köstlich, Troll wieder. Da kam der devote Engels zu uns an den Tisch. »Herr Overath wünscht nicht mehr von Ihnen belästigt zu werden.« Wir lachten noch mehr. »Köstlich«, wimmerte Troll und wischte sich eine Lachträne aus dem Augenwinkel. »Und jetzt alle«, hob Delle das Glas, und wir stimmten ein: »Wolfgang O-ve-rath, Wolfgang O-ve-rath, du bist der beste Mann!« Hehe, der beste Mann machte mit Hofstaat den Abflug. Ich verlor keine Zeit und kontaktete gleich die beiden Perlen am Nebentisch. Hoher Günter-Faktor! Ich schon gut im Rennen bei den Ladys, da drückte mich Troll plötzlich in Richtung Parterre. »Köpfe runter, Jungs, Schwallbacke aus Zollstock im Anmarsch«, zischte Troll. Wir tauchten blitzartig in die Deko und linsten unter dem Tischdeckchen in Richtung Eingang. Tatsächlich, da kam Lottner um die Ecke und marschierte an unserem Tisch vorbei. »Das war knapp«, atmete Waldi auf. »An Karneval hatte ich den Spacko drei Stunden am Ohr.« Delle holte neues Bier, und wir stießen an. Auf den Schreck und auf die Freundschaft!

35

Wie wir mit Rudis Resterampe den Trip nach Rumänien wagten
und Buka den Rest gaben

RRRUMÄNIEN SERRR SCHWACH

Na, das fing doch schon fein an. Flughafen Frankfurt, Kaiserwetter, und die Clique posierte fürs Gruppenfoto. »Lächeln, Waldi, auch wenn's schwer fällt«, rief Jeremies und drückte auf den Auslöser. Wir waren mal wieder mit Rudis Resterampe auf Tour, Länderspiel in Rumänien, Trollinger hatte für die Clique drei Plätze in der Maschine klargefahren. »Aber benehmt euch diesmal, Jungs!« Wir mussten grinsen, schließlich war niemand Geringeres als Troll auf dem letzten Flug vollstramm auf der Doppelnull eingenickt. Nun also fix durch die Schranke, die Trachtengruppe staunte nicht schlecht, als Waldis zehn Flaschen Kristall auf dem Schirm auftauchten. Dann ging es mit einer gepflegten Polo und unseren neuen Shirts »Wir geben Buka den Rest« fröhlich die Gangway hoch. Vorne saß Rudi und schaute gleich wie sieben Tage Regenwetter, als unsere Posse gut gelaunt daherkam. »Na, Timm Thaler, mal wieder dein Lachen verkauft?«, pflaumte Waldi den Teamchef an, während Delle sich gleich mit der Mütze aufmachte und das Tippspiel für morgen organisierte, ein flotter Fünfer Einsatz für jeden. Alle realistisch, nur Jeremies tippte 5:1 für Rumänien. Großes Gelächter, immer noch der alte Spaßvogel. Ich war mit einem 3:0 dabei, allerbeste Gewinnchancen für Onkel Günter! Der Flug war fix vorbei, vor allem weil Waldi und ich die Kollegen Wörns und Kahnemann lässig beim

Kniffel abzockten. Wir Profis gleich Doppel-Kniffel mit Fünfern, Loser Wörns kriegte nicht mal einen Dreierpasch auf die Reihe und Olli sofort derbe am Knurren: »Muss ich das Spiel eben alleine gewinnen!« Wurde aber nichts, wie immer bei Olli. Und es ging gleich gut weiter: Kaum in Buka auf der Schotterpiste gelandet, kam auf der Gangway Master Skibbe von der Seite und boxte mir freundschaftlich in die Seite. »Na, Jungs, wenn ihr heute Abend losgeht, vergesst bloß den guten Michael nicht.« Waldi und ich gaben uns die hohe Fünf, endlich ging Mike mal steil. Sonst turnte der Kollege ja schon um acht Uhr im Bärchen-Schlafanzug auf dem Gang herum. Also, ich zählte durch, da stand die Crew für heute Abend. Außer der Clique noch Ballack, Jeremies, Wörns. Und Horny Mike natürlich. Wir waren um neun Uhr mit Raducanu gedatet, der alte Kojote hatte ein paar angesagte Läden am Start. Arne, Fredi und die anderen hatten auch volles Programm. Erst fleißig bechern in der Hotelbar, dann in eine Strip-Bar im Norden, ganz heißer Tipp von Rutemöller. Kein müder Topless-Kram, sondern komplett netto, die Damen. Gegen neun Uhr trafen wir uns in der Halle und bückten uns gleich ab, als Vollspaten Skibbe die Treppe heruntergetänzelt kam. Himmel, wie sah Mike bitte aus? Kunstlederjacke, Slipper, Karottenjeans! Waldi kicherte hysterisch, und Delle frotzelte: »Na, Skibbe, mit Vogelleim bestrichen und durch den Kleiderschrank gewälzt?« Mike lächelte süßsauer, und Ballack drängelte: »Los jetzt, Jungs, halb elf schon, und ich bin noch stocknüchtern.« Draußen hupte es, Bingo, der Marcel mit dem Großraumtaxi. Los ging's mit ordentlich Abrieb ins »Popescu«, die heißeste Adresse in der Stadt. Rassehasen satt, oder Raducanu-Style: »Echte Grranaten, liberrr Ginterr.« Und Marcel hatte mal wieder nicht zuviel versprochen, jede Menge prämierte Puppen an den Stangen, und die Drinks gingen komplett auf Marcels Deckel. Eine halbe Stunde später hatten wir ordentlich die Laktatwerte hochgetrieben, die Drinks zogen der ganzen Mannschaft mächtig die Buchse stramm. Unsere Innenverteidigung machte sofort schlapp, Jeremies torkelte alle fünf Minuten auf die Keramik und Wörns konnte kaum noch stehen. Ballack dagegen gab ordentlich Gas. »Ich bin auf jeden Fall morgen verletzt«, grinste der Kollege und orderte noch eine Batterie Klaren für die ganze Meute. Na denn, Prösterchen! Jeremies machte das Klappmesser und unter dem Tisch ein Nickerchen. »Abends Eiche – morgens Leiche!«, kommentierte Delle abschätzig. »Wir trrinken aberrr noch weiterrr, nicht warrr?«, fragte Raducanu. »Wegen Match morrgen keine Sorrge. Rrrumänien serrr schwach!« Na denn, wir gaben uns noch eine Runde. Aber ich konnte mir nicht helfen, irgendwie grinste Raducanu so tückisch. War wahrscheinlich nur Einbildung.

36

Wie wir dem Theo die Möbel gerade rückten und zum Schluss doch noch gut einen Zwanziger gebrauchen konnten

'NEN ZWANZIGER PARAT?

Der Anruf von Trollinger kam gegen Mitternacht. Heri und ich hatten uns gerade untenrum frisch gemacht, für die Erstsemester-Party im Alcazar. Der Kollege rief von der Funkgurke aus an. »Jungs, ihr müsst vorbeikommen«, jammerte Troll in die Leitung. »Zwanziger will mich absägen?« Ich packte es nicht, fragte erstmal nach. »Zwanziger? Schatzmeister Theo!« Troll bejahte. Nicht zu fassen, ausgerechnet Zwanziger, der Vollspaten aus der Revision? Das bedeutete Höchstalarm. Würde Zwanziger Präsident, würde die Clique demnächst nur noch in der Holzklasse zu Länderspielen fliegen. Am nächsten Morgen stand die Task Force pünktlich um neun in Zweierreihen am Gate. Die Jungs waren allerdings nicht gerade in Topform. Delle und Waldi waren natürlich trotzdem noch im Alcazar aufgeschlagen, hatten derbe gebechert und heute dementsprechend die ganz enge Mütze auf. »Mein Kopf«, stöhnte Waldi und rieb sich den brummenden Schädel. In Frankfurt angekommen, warfen wir uns ins Taxi. »Einmal Otto-Fleck-Schneise, Meister«, kommandierte Waldi, und der Fahrer trat das Gas ordentlich Richtung Süden. Zehn Minuten später enterten wir die Zentrale, aber natürlich griff uns der Stengerharry gleich an der Pforte ab und machte den Türsteher. »Jungs, tut mir Leid, aber gerade ist Vorstandssitzung, kann euch auf keinen Fall durchlassen!« Gegen einen gebügelten Fünfziger für die

Schiedsrichterabteilung, hehe, gab es dann doch Passierscheine fürs ganze Bataillon, und wir durchkämmten die Flure. »Mjam, hier riecht's fein«, kommentierte Waldi. »Troll kann warten, erstmal wird die Suppenküche leer geräumt.« Keine Gegenstimme, keine Enthaltung, die ganze Mannschaft ab in die Kantine. Na, wer sagt's denn, auch der Vorstand machte gerade Mittag. Am Fenster saß Zwanziger mit seinen Schergen und futterte Hähnchen mit Kroketten satt. Wir natürlich lässig am Nebentisch geparkt. Delle machte pflichtgemäß die Kavallerie: »Na, Meister, lecker Kinderteller Hotzenplotz für alle?« Zwanziger schaute nur kurz herüber und giftete dann: »Wüsste nicht, was euch Rotzlöffel das angeht!« Hoppelhoppla, Theo hatte wohl ein Witzbuch gefrühstückt. Also, es war Zeit für harte Fakten. Waldi faltete die Hände: »Schau, Theo, du solltest dir noch mal ganz genau überlegen, ob du wirklich DFB-Präsident werden willst.« Waldis Stimme klang beinahe pastoral, alte Messdienerschule. Zwanziger kaute geräuschvoll und maulte: »Wieso, bitte?« Und nun der Jahrhundertbluff, Teil 1: »Wäre doch sehr peinlich für dich, Theo«, hub Waldi noch mal an, »wenn die schmutzige Geschichte aus München an die Öffentlichkeit käme!« Kompletter Schuss ins Blaue, aber gleich Treffer versenkt. Zwanziger erbleichte und machte den Zitteraal. »Die Geschichte aus München? Woher wisst ihr …« Delle legte noch einen nach: »Und die Schweinerei, die du mit Rummenigge, du weißt schon, das Ding …« Das reichte, Zwanziger schluckte schwer und machte mit der ganzen Rentnerposse den schnellen Abgang. Gegen fünf Uhr kamen Trollinger und Zwanziger gemeinsam aus dem Sitzungszimmer. Trollinger zwinkerte uns zu und hob beide Daumen. »Danke, Jungs!« hieß das. Wir ließen uns erleichtert in die Sessel fallen. Da nicht für, Kollege! Eine Viertelstunde später kam Trollinger aus dem Aufzug ins Parkhaus gewankt. Der Kollege hatte schon ordentlich getankt und wurde von Röhnemeyer mühsam auf Kurs gehalten. Die Clique stand Spalier und salutierte zackig, Harry Stenger öffnete beflissen die Wagentür. »Willkommen an Bord, Mr. President!« Troll nickte gerührt und ließ sich auf den Beifahrersitz fallen. Waldi, Delle und ich klemmten uns auf die Hinterbank, und ab ging das. »Nicht zu fassen, der Theo«, grinste Trollinger breit, »als Adler gestartet und als Suppenhuhn gelandet. Und bis 2006 mach ich den Alten lang.« Später hielten wir noch mal an der Tanke, der Fernet war alle. Troll orderte acht neue Kanister aus dem Freezer, aber hatte natürlich nicht genügend Mäuse auf der Tasche. Wurde gleich mal wieder Onkel Günter angepumpt: »Bräuchte noch 'nen Zwanziger!« Wir schauten uns an und mussten beide herzlich lachen.

37

Wie sich Willi kurz mal in der Tür irrte und uns eine vermaledeite Kabelmuffe in die Quere kam

ZAPPENDUSTER MIT ONKEL WILLI

Die Kellnerin stellte uns noch mal ein komplettes Gedeck auf die Theke. Wodka Feige, zehn Korn und vier Pils, das volle Programm. Dann blickte das Mädel auf die Uhr. »Jungs, seid ja prima fürs Geschäft, aber müsst ihr nicht langsam ins Stadion?« Wir winkten ab, einer ging schließlich noch. Außerdem war die Perle hinterm Tresen in meiner Auswahl zum Playmate des Monats. Da ging noch was, klarer Fall. Wir waren seit dem Vormittag in Bremen und hatten uns mit Lemke im I-Punkt bereits allerschwerstens einen gebrannt. Vor allem Willi hatte so heftig gebechert, dass er nach zehn Fernet und drei Wodka erstmal vollstramm die Herrentoilette mit der Küche verwechselt und die Flöte in den Topf gehalten hatte. Anerkennung und Respekt von der gesamten Clique. Und auch Waldi war endlich auf andere Gedanken gekommen. Dem armen Kerl hing die Laune seit letztem Mittwoch im Tiefparterre. Hatte aber auch allen Grund dazu, schließlich hatten ihn Stalin Boßdorf und seine Schergen aus der ARD-Programmplanung eiskalt abserviert. Nun hatte Waldi zehn Jägermeister intus und schmiedete Rachepläne. »Man müsste«, sinnierte er, »mal die Sendung richtig abschmieren lassen. Die Sicherungen rausdrehen, oder so!« Wir winkten ab. »Kannst du komplett vergessen. Die Jungs sind gut vorbereitet. Um Boßdorf reinzulegen, musst du ein echter Profi sein«, dozierte Heri. Wir nickten. Eine halbe Stunde später warfen wir uns dann doch in den Benz, um mit Heri, Willi und Waldi auf dem Rücksitz mit 120 Stundenkilos zum Weserstadion zu brettern. Blöd nur, dass Willi mit seinem dicken Kopf den Durchfahrtsschein auf der Theke hatte liegen lassen. Natürlich tanzte sofort wieder ein Wolle Wichtig an der Seitenscheibe an und machte auf Personenschützer. »Ohne Schein keine Durchfahrt, so einfach ist das, meine Herren«, mopste sich der Kandidat. Das war zuviel für unseren Reiseleiter. »Ich bin Lemke, der Schulsenator, du verdammter Trottel!«, schnaubte Willi von hinten. »Und jetzt mach den Weg frei, sonst sitzt dein Sohn ab morgen in der Hauptschule!« Wir grinsten, Willi wusste eben, wie man die Schnauzbärte richtig anpackt. Leider machte sich der Wachmann überhaupt nicht geschmeidig, die Schranke blieb unten. Aber das konnte Willi natürlich nicht schocken. »Mitkommen, Jungs, ich kenn einen Geheimgang!«, kommandierte er. Wir parkten die Schüssel vor den Notausgängen, der Klassiker, klaro. Dann schloss Willi eine Eisentür unter der Haupttribüne auf. »Hab mir heimlich einen Nachschlüssel machen lassen, als der Vollspaten Allofs im Urlaub war«, grinste Lemke. Alte Schule! Wir marschierten durch einen endlos langen Keller, und Waldi am Frotzeln: »Was ist das denn hier? Der Atombunker von Henning Scherf?« Dann durchquerten wir den Elektroraum des Stadions, überall Schaltungen und anderer Kram. Und, alle Höllenhunde, sofort hatte ich ein dickes Kabel zwischen den Gräten. Natürlich keine Chance, ich machte die Spontangrätsche und knallte ratzfatz auf den Beton. Plötzlich war alles zappenduster um mich herum. Verdammt, was war denn jetzt los? Klitzekleine Panik bei Onkel Günter: »Oh mein Gott, ich kann nichts mehr sehen. Ich bin blind!« Heri stöhnte genervt auf: »Füße still halten, Kollege. Ist nur das Licht ausgegangen.« Hatte ich ja gleich gesagt. Waldi kramte den Lighter heraus und machte kleines Feuer. Heri hob etwas vom Boden auf. »Kabelmuffe«, las er laut vor und schüttelte den Kopf. »Klingt ja extrem bescheuert!« Ich hörte gar nicht hin, Hauptsache, wir konnten endlich das Spiel sehen. Doch vor der Tür war alles dunkel, das komplette Stadion. Hehe, mal wieder typisch Werder – Meisterschale im Schrank, aber zu doof, die Glühbirnen reinzudrehen. Schon kam Assauers Rudi auf mich zu. »Hab ich auch noch nie erlebt«, schimpfte der Kollege und paffte wild. »Komplette Elektrik im Eimer. Bloß wegen einer Kabelmuffe!« Aha, eine Kabelmuffe, dachte ich bei mir. Irgendwo schon mal gehört, den Namen.

38

Wie Felix im strammen Galopp durch München cruiste
und warum es schließlich einen Satz heiße Ohren für Lucio gab

TROLLINGERS DATE MIT MARIA CRON

Der Knochen piepte. Wieder eine SMS von Felix, der Kollege bekam langsam heiße Puschen. »Jungs, brennt München heute Abend?« Hätte ich auch gerne gewusst, aber Delle saß nun schon seit einer geschlagenen Stunde im Whirlpool, während Waldi und Troll auf dem Doppelbett den Fernet aus der Minibar leer machten. »Kollegen, was geht jetzt?«, platzierte ich mich vor der Clique. Waldi natürlich sofort derbe am Meckern, schließlich war im Bezahlkanal gerade Silvia Saint auf Schicht. »Arbeitswege freihalten, Günter, wofür bezahl ich schließlich Gebühren?« Dann aber machte sich die Clique startklar, und als Felix eine Viertelstunde später mit dem A8 vor dem »Sheraton« hupte, warfen wir uns lässig in die Ledersessel. Felix zog die Regler hoch, und im strammen Galopp ging es durch den Petuel. »Gleich zu den Puppen ins Pascha?«, fragte Troll nach vorne und zog die Glut aus der Dannemanns. »Bin nämlich um Punkt 23 mit einer Perle verabredet!« Bruahaha, ein Date für Trollinger, wir bückten uns ab. »Wahrscheinlich wieder nur Maria Cron, grüß sie mal ganz herzlich!« Das kam von Delle, allgemeines Gelächter in der Fahrgastzelle. Treffer versenkt, Troll sagte gar nichts mehr. »Nachher die Mädels, erstmal Absacker«, kommandierte Felix und zog die Karre backbord in die Prinzregenten. An der Tür zum P1 gab es den üblichen Ärger. »Nur für Stammgäste«, kam uns der Vierkant chronisch, aber Waldi traf sofort den richtigen Ton: »Hör mal, Bananenprinz, du singst gleich zwei Oktaven höher.« Kam der Bursche aber gar nicht drauf klar und holte ein paar übelstgelaunte Preisboxer aus dem Off. Danke, Jungs, geordneter Rückzug und ab ins Pascha, war ohnehin der entspanntere Laden. Und klarer Fall, war natürlich wieder jede Menge feinstes Stöckelwild unterwegs. Keine Mädels vom Dorf, ausschließlich handverlesene Premiumware. Mittendrin Delle und Onkel Günter, gestatten: Joe Cool und Lesley McLässig. In der VIP-Schleuse wurde auch schon mächtig getrommelt. Der komplette Bayern-Kader war in Viererreihen angetreten und mittendrin unser Spezi Ballack. Hatte wohl gerade noch eine Sonderschicht Solarium eingelegt. »Mike, alte Pufftür«, lachten wir, doch Ballack hatte gleich den ganz steifen Hals. »Warum habt ihr denn die Spaßbremse dabei?«, und nickte in Richtung Felix, den Älteren. Wir zuckten mit den Achseln: »Ging nicht anders, Freund von Trollinger«, und machten es uns an der Theke komfortabel. Hinterm Tresen stand eine Magd allerersten Güteklasse. Da ging einiges. »Machst du uns zwei Sunrise, mein Mädchen«, funkte ich über die Theke und ließ zur Begrüßung gleich den großen Blauen wandern. Chantal machte sich locker und gab Handküsschen. Bingo, lief ja wie ein Länderspiel. Delle schaute neidisch herüber. Dann checkten Waldi und ich schnell auf der Doppelnull ein, und während sich der Kollege geschmeidig auf der Box die Pfeife ausklopfte, ging ich noch mal fix über die Frisur, aber die saß bereits wie eine glatte Eins. Günter war startklar für Runde 2. Plötzlich war draußen der ganz große Radau. Durch die Tür hörten wir die Meute skandieren: »Lúci-o, Lúci-o!« Wir linsten zur Tanzfläche, wo sich ein Kreis gebildet hatte. Holla, offenkundig gaben sich Felix und Lúcio mächtig aufs Mett. Wir schlenderten zur Theke. »Was ist denn hier los?«, fragte Waldi neugierig. »Kleine Diskussion über die Aufstellung am Samstag?« Delle grinste feist: »Felix hat aus Versehen die Perle von Lúcio angegraben. Kam der gar nicht drauf klar.« Fünf Minuten später stand Felix wieder an der Theke. Klarer Sieger, aber nicht gerade Scheckheft das Outfit. Das Rüschenhemd war komplett hinüber. »Die Brille müsstest du auch mal richten lassen, Felix«, kommentierte Waldi grinsend. Doch der nur am Schnaufen: »Habt ihr gesehen, wie der Penner kassiert hat? Mitten in die Kronjuwelen!« Wir klopften Felix auf die Schulter. »Ruhig, Brauner!«, schmunzelten wir. »War doch ein harmloser Fight.« Aber Felix immer noch mit Puls 200: »Der Kollege wird sich umgucken!« Wir lachten uns einen. Felix, der Ankündigungsweltmeister. Morgen konnten sich die beiden sicher wieder richtig gut leiden, der Felix und der Lúci-o.

39

Wie ich meinen 50. Geburtstag feierte
und Schalkes Trainer mal so eben seinen Job los wurde

KNASTPRALINEN FÜR JUPP

Ich tänzelte lässig von hinten an Ilse heran. »Heute feiern wir aber richtig, mein Mädchen. Man wird schließlich nur einmal fünfzig, nicht wahr?«, gurrte ich und gab Öhrchenzunge. »Igitt, lass das, Günter«, mopste sich die Gattin und nahm die Frikadellen aus dem Ofen. »Außerdem wirst du nicht fünfzig, sondern sechzig!« Auch wieder wahr. Ich stibitzte mir eine Knastpraline und marschierte hinüber in den Salon. Na, wer sagte es denn, Ilse hatte alles fein dekoriert, echtes Leckerschmeckerbüffet, saure Nierchen und ... da bimmelte es schon, klarer Fall, auf die Clique war Verlass. Delle stieg als erster die Treppe hoch und umarmte mich. »Glückwunsch, mein Lieber.« Hinterher kam Waldi, der Kollege hatte offenbar schon ordentlich mit Kristall gegurgelt. »Wo habt ihr Troll gelassen?«, fragte ich neugierig. »Liegt noch im Kofferraum«, schmunzelte Waldi. »War vorhin noch in Leverkusen und hat sich schwerstens einen mit Meinolf gebrannt!« Während es sich die Posse also auf dem Kanapee gemütlich machte, klingelte es schon wieder. Ilse drückte den Summer. »Günter, wo sind die Weiber?«, dröhnte es erwartungsfroh durch die Gegensprechanlage. Bingo, das waren doch unverwechselbar Uns Uwe und seine Hamburger Jungs. Ilse runzelte die Stirn. Nun ging es Schlag auf Schlag, die Dortmunder enterten mit großem Hallihallo, Mike Meier in strassbesetzter Schlaghose. Aber herrje, was hatte Meier denn für eine Braut dabei. »Na, Mike, hast du deine Perle auf der Kirmes geschossen?« Meier eisig: »Das ist meine Ehefrau.« Ich musste dringend mal auf die Keramik. Ein paar Minuten später kamen die Münchner ganz traditionell mit gecasteten Rassehasen um die Ecke. Ordentliche Karosserien, da konnte man nicht meckern. »Legt doch schon mal ab, Mädels«, grinste Delle. »Bin gleich bei euch!« Moraltheologe Karlheinz natürlich sofort: »Schön die Finger weg, Gerhard!« Aber da bekam Rummelfliege gleich den geschmeidigen Konter gedrückt. Delle schlug sich theatralisch die Hand vor die Stirn. »Kalle, du bist es! Hab dich gar nicht erkannt. Der Rasierer wieder kaputt?« Yep, Treffer versenkt. Und die Party ging gleich gut los. Heri machte als DJ Bert die Musik, die Jungs von Premiere verzogen sich zum Skifahren auf die Toilette und Reinhold tanzte mit Ilse Discofox in der Diele. Gegen elf schlug dann endlich auch die Schalker Crew mit Rudi, Charly und Jupp auf. Der Manager und ich gaben uns grinsend die hohe Fünf, während Osram sich mit finsterer Miene zum Büffet verzog. Hatte ich was verpasst, stand auf der Einladung etwas von Trauergottesdienst? »Was ist denn mit dem los?«, fragte Delle indigniert. »Ein ganz komischer Vogel«, brummte Rudi missgelaunt. »Kann einfach nicht ordentlich feiern. Immer nur Mineralwasser! Hätte ich mir den Kollegen bloß nie aufschwatzen lassen.« Und in der Tat, Juppi, die alte Bremse, nuckelte ständig nur am Selters. Da war doch mal Zeit für RTL2-Action-News. Rudi hatte schon ordentlich Puffbrause getankt und startete prompt eine feine Polo durch den Salon, lockere westfälische Reihe mit den Münchner Ladys. Und der alte Fuchs, nicht doof, zog die Feierschlange ganz eng an Jupp vorbei. Dabei immer schön Sprüche gedrückt. »Hol dir mal keine Alkoholvergiftung, Jupp!« Und: »Du fährst aber heute nicht mehr selber, Jupp.« Eigentlich hätten wir schon das Licht abschalten können, Heynckes machte nämlich schwer auf Red Adair. »Puls 200, schätze ich«, kommentierte Waldi fachmännisch. Und jetzt das große Finale. Assauer holte zwei Kolben aus dem Freezer und stolzierte zu Juppomat ans Büffet. »Stößchen, Jupp.« Das reichte völlig, Heynckes machte den Schneepflug durch die Gemeinde, Abgang mit Türenknallen. »Das war's dann wohl mit Jammerjupp und Schalke«, kommentierte Assauer ungerührt. »Wie willst du das denn verkaufen?«, fragte Waldi neugierig. »Sportliche Gründe, was sonst?«, grinste Assauer und zog das Feuer aus der Cohiba. Erneut bimmelte es an der Tür, wer konnte das schon wieder sein? »Hallololöchen, hier ist der Professor!«, flötete es uns via Türfunk entgegen. Olaf Thon kam also auch noch. »Wär das nicht ein toller Trainer für dich, Rudi?«, grinste Delle. Assauer stöhnte nur.

40

Warum früher doch nicht alles schlecht war und mein legendärer Laden nicht mehr »Lover's Lane« heißt, sondern »Happy Station«

STAMMTISCH DER FRISEUSENINNUNG

Wie bitte? »Noch einen Kaffee, der Herr?« Noch einen Kaffee? Alle Höllenhunde, war ich doch tatsächlich weggenickt. War gerade gut dabei gewesen, Paula, die schnieke Serviette vom P1-Tresen, anzutexten, und plötzlich saß ich wieder im Flieger nach Köln-Bonn. Konnte ich ja gar nicht drauf. Ich zupfte mir den Schlafzorro von den Augen und blickte mich um. Neben mir röchelte Trollinger in der REM, während Waldi und Delle gemeinsam in der neuen »Supermöpse« schmökerten. Titelthema: Megamöpse! Wir waren mit den Bayern auf dem Weg nach Mönchengladbach. Der Bärtige hatte uns auf Vereinskosten eingeladen. »Was ist bloß mit Kalle los«, wunderte sich Waldi, »der hat doch früher jedes Glas Sekt einzeln abgerechnet.« Delle und ich schmunzelten. Seit der Bärtige wieder Termine außer Haus wahrnahm, ging wirklich einiges bei ihm. Sogar dass die Clique zum ersten Mal seit der legendären Weihnachtsfeier 2002 wieder komplett mit an Bord war, Drossel Trollinger inklusive. Und wir hatten heute Abend einiges auf der Agenda. Gestern hatte zu allem Überfluss auch noch Hotte Köppel in die Muschel getrötet: »Jungs, morgen geben wir aber endlich wieder richtig Gas! Ganz wie früher!« Wir hatten uns schön abgebückt, jeder von uns wusste schließlich: Nach zwei Bacardi Cola war bei Hotte regelmäßig technischer Dienst am Auge angesagt, ab auf die Matratze und

Schnorchelkurs. Später am Abend, die Bayern hatten natürlich vergeigt, cruisten wir in Köppels Zweitopel mit sattem Tempo durch die Gladbacher Fuzo. »Wo geht's hin, Meister?« Helldriver Hotte grinste. »Kleine Nostalgie-Tour für Onkel Günter.« Er stieg schwer in die Eisen, und wir linsten aus dem Fenster. Tatsächlich, wir parkten direkt vor meinem alten Laden, dem legendären »Lover's Lane«. Klar, hatte sich einiges verändert: Der neue Besitzer hatte eine Saloontür einbauen lassen, über dem Eingang baumelte eine Leuchtreklame »Erotic Dance« und außerdem hieß der Laden anders, »Happy Station« nämlich. Aber das war unverkennbar meine alte Hütte. Die Szene-Discotheque schlechthin zwischen Erkelenz und Düren, Rassehasen und Schampus bis zur Unterlippe. »Na, vom Niveau her hat sich der Laden nicht verschlechtert«, grinste Delle, und wir checkten ein. Drinnen war schon ordentlich Alarm und Polo quer durch den Raum, aber ein Kennerblick genügte, der Laden war nicht mal mehr Landesliga. »Was ist das denn hier?«, mopste sich dann auch Waldi. »Stammtisch der Friseuseninnung?« Der Kollege hatte Recht, nicht eine einzige betanzbare Puppe an den Stangen. »Zu meiner Zeit sah das hier noch ganz anders aus«, wandte ich mich entschuldigend an die Jungs. »Günter, erzähl doch mal aus dem Zweiten Weltkrieg«, unterbrach mich Delle und auch Troll musste grinsen. Nun wollte ich es aber wissen und nahm die Tresentante ins Kreuzverhör: »Mein Mädchen, du weißt sicher, wer ich bin?« Doch die Perle jetzt richtig dumm am gucken: »Weiß nicht so genau. Vielleicht der André

Rieu?« Bruahaha, die Clique hielt sich die Bäuche. Der Abend fing ja blendend an. Während Waldi für Mütze-Glatze auf der Doppelnull verschwand, blockten wir vier Plätze an der Bar und machten Radar. Von den Gladbacher Sturmtruppen war bis auf die alten Löter Kamps und Bruns keiner aufgeschlagen. Am Ecktisch saßen allerdings ein paar Bayern. Jensomat Jeremies, Linke und Brazzo hatten offenkundig einen Clown gefrühstückt, ständig hoben sie ihr Glas und grinsten zu uns herüber. Hatten wir etwa die Null gedrückt? Was waren die Kojoten denn so gut gelaunt? Trollinger wusste Bescheid. »Hab den Jungs ein paar gute Tipps für den Aktienmarkt gegeben. Todsicheres Ding, die Klitsche gehört einem guten Freund von mir«, grinste Troll. »Aber die Angsthasen haben natürlich dem Tipp vom Onkel nicht getraut und nur für ganz kleines Geld eingekauft. Im Gegensatz zu mir.« Gähn, seit wann machte Troll in Aktien? Bevor hier noch Börsenkurse debattiert wurden, machten wir uns lieber schnell vom Acker. Vielleicht war in Köln noch was los, im Alcazar oder im Pony! Und morgen war erst einmal Friseurtermin angesagt. André Rieu, ich schnaufte empört.

11FREUNDE
11FREUNDE
Magazin für Fußball-Kultur
11FREUNDE
11FREUNDE
Magazin für Fußball-Kultur
SKANDALE
Affären der Bundesliga von M bis V
11FREUNDE
11FREUNDE
DDR Oberliga
11FREUNDE
Der Aufräumer
11FREUNDE
Made in England
DWS
Hooligans

cc – carbon copy books no. 21

2. Auflage

www.tropen-verlag.de

Umschlagmotiv und Illustrationen
von Sascha Dreier

Lektorat: Ulf Müller, Köln
Satz: Tropen Studios, Leipzig
Druck: Fuldaer Verlagsanstalt
Printed in Germany

ISBN 3-932170-73-3